Fischer TaschenBibliothek

W0052829

Alle Titel im Taschenformat finden Sie unter:
www.fischer-taschenbibliothek.de

Da bisse platt: Ungewöhnliches und Unvermutetes über Land, Leben und Kultur zwischen Rhein und Ruhr, zusammengetragen und schwungvoll zu Tage gefördert von Carsten Uekötter.

Carsten Uekötter hat in Münster Wirtschaft und in Gelsenkirchen Journalismus & PR studiert. Er war viele Jahre unter anderem als freier Journalist für die »Westfälischen Nachrichten« und die »Westdeutsche Allgemeine Zeitung« tätig. Heute arbeitet er als freiberuflicher Kommunikationsberater und Texter.

Weitere Informationen, auch zu E-Book-Ausgaben, finden Sie bei www.fischerverlage.de

Carsten Uekötter

Der Ruhrpott für die Hosentasche

Was Reiseführer verschweigen

FISCHER TaschenBibliothek

Vorwort

Es war in den achtziger Jahren, als mich mein Vater das erste Mal mit ins Ruhrgebiet nahm. Kurz hinter der Grenze im beschaulichen Münsterland geboren, war das für mich wie der Eintritt in eine andere Welt. Damals gab es noch kein Internet, und das Ruhrgebiet war für mich eine von Mythen umrankte Region. Ich hatte zwar einen Lehrer, der behauptete, dort zu leben, aber glauben konnte ich das nicht. Für mich war es schlicht unvorstellbar, dass jemand jeden Tag die weite Reise aus dem Ruhrgebiet bis zu meiner Schule zurücklegen konnte.

Die Fahrten mit meinem Vater wurden zu einem festen Ritual. Ich fand im Ruhr Park bisher unbekannte Alben meiner Lieblingsbands, sah Fußballstadien, die mehr Besucher fassten, als meine Heimatstadt Einwohner hatte, und fragte mich, wo nur all die Fahrzeuge auf den Autobahnen herkamen.

Bis heute ist meine Faszination für die Region ungebrochen. Ich erlebte in der Arena Oberhausen mein erstes großes Konzert, von dem ich eine Woche Ohrensausen mit nach Hause nahm, lief im Kulturjahr 2010 über die gesperrte A 40, feierte unzählige Male die Extraschicht und freue mich bis heute jedes Jahr darauf, wenn der Ruhrpottsommer mit all seinen kulturellen Events, Konzerten und Festivals wieder losgeht.

Mit diesem Buch möchte ich meine Faszination für das Ruhrgebiet mit Ihnen teilen, oder besser noch, Sie damit anstecken. Kommen Sie mit auf eine etwas andere Tour durchs Revier. Finden Sie heraus, was Bob Dylan am Rhein-Herne-Kanal zu suchen hatte, welches Tier sich hinter einer Bergmannskuh verbirgt, warum Kinder im Ruhrpott liebend gern »unter Tage« arbeiten und all das, was andere Reiseführer verschweigen.

Ein herzliches »Glück auf«!

Carsten Uekötter
Im Januar 2015

Gesellschaft & Leben

Das Ruhrgebiet gibt es eigentlich gar nicht. Es ist kein eigener Staat, kein Bundesland, keine Stadt, es ist nicht mal eine klar definierte Fläche. Aber was ist es dann? Auf diese Frage weiß der Duisburger eine andere Antwort als der Bochumer, und der wiederum hat eine andere Meinung als der Essener oder Dortmunder. Die politisch korrekte Antwort lautet: Es handelt sich um die größte Agglomeration Deutschlands, die als Metropole Ruhr über 5 Millionen Menschen in 53 Städten und Gemeinden miteinander verbindet. Rund 6 % der deutschen Bevölkerung leben im Ruhrgebiet. Das mag zunächst nach einer unbedeutenden Zahl klingen. Doch im Vergleich leben damit mehr Menschen in dieser Metropolregion als in Rheinland-Pfalz und dem Saarland zusammen. Und wer jetzt denkt, an Berlin kommt das Ruhrgebiet nicht ran, der irrt. Denn auch wenn es den Anschein hat, dass alles und jeder nach Berlin zieht, wohnen dort immer noch rund 1,5 Millionen Menschen weniger als im Ruhrgebiet. Betrachtet man das Ruhrgebiet als eine Stadt, wäre es die bevölkerungsreichste auf dem Festland der Europäischen Union und müsste sich nur London geschlagen geben.

Stadt	Bevölkerung 2014
London	8,3 Mio.
Ruhrgebiet	5,0 Mio.
Berlin	3,5 Mio.
Madrid	3,1 Mio.
Rom	2,7 Mio.
Paris	2,2 Mio.
Bukarest	1,8 Mio.
Wien	1,7 Mio.
Hamburg	1,7 Mio.

Der Ruhrpott spricht Klartext

Die Menschen im Ruhrgebiet mögen nicht alle die
gleichen Ansichten teilen und ihre Rivalitäten unter-
einander genauso pflegen, wie sie ihre Unterschied-
lichkeit betonen. Doch eine Sache bringt sie alle unter einen Hut: die unverwechselbare Mentalität. Im
Ruhrpott wird mit der eigenen Meinung nicht lange
hinterm Berg gehalten. Wer ein Problem hat, spricht
es aus, und das so direkt wie möglich. Ortsfremde
fühlen sich bei ersten Begegnungen mit Bewohnern
des Ruhrgebiets öfter mal auf den Schlips getreten.
Doch in Wahrheit steckt in fast jedem Ruhrpottler
ein weicher Kern, der kommt nur in den meisten

Fällen nicht durch Worte, sondern durch Taten zum Vorschein. Ist Hilfe vonnöten, bleibt man selten allein. Vergelten muss man diese Hilfsbereitschaft noch seltener, nur über eines muss man sich im Klaren sein: Der Ruhri wird es sich bestimmt nicht verkneifen, all die Dinge aufzuzählen, die er gerade lieber tun würde, als zu helfen oder sein Gegenüber auf dessen Unfähigkeit und Unzulänglichkeit hinzuweisen. Aber trotzdem wird er nicht eher ruhen, bis das Problem gelöst oder die Aufgabe bewältigt ist. Denn das Lösen von Problemen liegt den Menschen hier einfach im Blut. In der Montanindustrie gelang dies meist durch harte Arbeit, in den heutigen Zeiten des Strukturwandels kommt es eher auf das Miteinander an. Und so gilt im Ruhrgebiet die Regel: »Wer sich einsetzt, wird akzeptiert. Egal wie er aussieht oder woher er kommt.« Eine Ruhrpottmannschaft kann beim Fußball eine hohe Niederlage kassieren und trotzdem mit Applaus vom Platz gehen. Hauptsache, sie hat gekämpft, zusammengehalten und nicht gejammert. Diese Haltung zieht sich durch alle weiteren Lebensbereiche. Beispielsweise wenn ein Teil der Hauptverkehrsader wegen Bauarbeiten gesperrt wird, ein Sturm die halbe Region lahmlegt oder zwei verfeindete Fußballvereine im gleichen Jahr den Europapokal und die Champions-League-Trophäe gewinnen und gemeinsam feiern »müssen«. Immer wenn es darauf ankommt, werden die Zwistigkeiten zwischen den Städten über Bord geworfen, und der Ruhrpott hält als Gemeinschaft zusammen. Aber sosehr der Ruhri die Gemeinschaft pflegt, so wenig biedert er sich Fremden an. Wer lieber seine Ruhe hat, der kann das Revier durchqueren, ohne groß mit den Leuten in Kontakt zu kommen. Doch wer sich auf Land und Leute einlässt, wird dem herben Ruhrpottcharme bald erliegen. Es reicht, bei einem Gang durch die Innenstädte die Ohren aufzusperren und die Originalität der Sprache auf sich wirken zu lassen. Zum Beispiel bei einem Einkaufsbummel auf der Großen Geldstraße in Recklinghausen. Wem es dort zu teuer ist, der braucht nur ums Eck und kann es auf der Kleinen Geldstraße versuchen. Oder man startet eine gepflegte Thekenplauderei in einer Kneipe auf der Hansemannstraße in Gelsenkirchen. Wer nicht selbst aktiv werden möchte, kann einfach in einem Café an der Horst-Schimanski-Gasse im Duisburger Stadtteil Ruhrort den Gesprächen an den Nachbartischen lauschen. Dort erzählt man sich vielleicht folgende Anekdote über die Formulierungskunst der Region: Der ehemalige Ministerpräsident des Landes Nordrhein-Westfalen, Johannes Rau, wurde eines Tages gefragt, ob Fußballstadien nicht auch nach Frauen benannt werden sollten. »Wie sollen wir das denn nennen«, war der Überlieferung nach seine Antwort, »dem Ernst-Kuzorra-seine-Frau-ihr-Stadion?«

Ruhrpott ⇔ Deutsch

Im Ruhrpott geht es sprachlich zackig und direkt zur Sache. Die Mischung unterschiedlicher Nationalitäten und die Arbeitermentalität haben sich auch auf die Sprache niedergeschlagen. So gibt es im Ruhrgebiet viele, von fremden Dialekten und Sprachen hergeleitete Begriffe und eine Reihe an kurzen Rufbefehlen, die das Zusammenleben und -arbeiten einfacher gestalten sollen. Viele Wörter werden verkürzt oder verhärtet. So wird aus einem weichen »jetzt« ein hartes »getz«, aus »Hör mal bitte« ein zackiges »Hömma!« und aus einem freundlichen »Guten Tag« ein knappes »Tach«. Oft wird ein »s« am Wortende zum harten »t«, was vor allem durch den ständigen Gebrauch der Wörter »wat« und »dat« ins Ohr sticht. Manche Endungen oder Silben fallen ganz unter den Tisch, Vokale werden gestrichen und Konsonanten verdoppelt. Das führt zu Sätzen wie »Hömma, wir machen dat getz, wie ich dat gesacht habb« oder »Ich mach Pommes am liebsten mit nem ordentlichen Schlach Majo«.

Was die Grammatik angeht, sticht die spezielle Verwendung der Personalpronomen ins Auge. Aus »mir« wird »mich«, aus »dir« »dich«, und so entstehen Sätze wie »Ich sach dich dat und getz glaub mich dat einfach ma« oder der legendäre

13

Ausspruch »Gib mich die Kirsche!« von Fußball-spieler Lothar Emmerich. Die Verschmelzung von Verben mit Pronomen ist ebenfalls weit verbreitet. »Hasse dat gelesen?« »Habbich, wirste bekloppt, so spannend is dat, nä.« Verschmelzungen von Artikeln finden sich in Sätzen wie »Ich komm vonne Omma« oder »Ich bin auffe Autobahn und fahr noch kurz anne Tanke«. Darüber hinaus ist man im Ruhrpott »am Machen dran«, geht nicht »zur«, sondern »auf Arbeit« und nicht zu jemandem hin, sondern »kommt bei«, im Sinne von »Komm ma wacker bei Oppa bei«. Der Dativ erfreut sich besonders großer Beliebtheit und ist auch hier, wie hinlänglich beschrieben, »dem Genetiv sein Tod«. Nicht zu vergessen ist der fragende Satzabschluss. Je nach Stadt wird an das Satzende gerne ein »wa«, »nä«, »wonnich«, »is klar« oder auch »woll« gehängt. Daraus entstehen Sätze wie »Ich geh noch ma kurz inne Stadt, woll«. Wobei das »woll« nicht nur die Frage »Soll ich dir was mitbringen?« ersetzt, sondern auch das eigene Vorhaben bekräftigt und die schweigende Zustimmung des Gegenübers voraussetzt. Unter Anwendung dieser grammatikalischen Finessen sind im Ruhrgebiet eine Vielzahl an Floskeln entstanden, die irgendwie schon immer da waren und von Generation zu Generation weitergegeben werden.

Der Smalltalk im Ruhrgebiet beginnt mit einer kurzen Begrüßung, meist in Frageform.

Tach!
Wat gibbet?
Wat is?
Wie isset?

Man kommt ins Gespräch, und während man dem Ruhri von sich erzählt, kommt er nicht umhin, seiner Verblüffung über das Erzählte Ausdruck zu verleihen.

Boah ej!
Lecko mio!
Altobelli!
Hau mich ab!
Leck mich anne Füße!
Mein lieber Kokoschinski!

Glaubt der Ruhri die ihm erzählte Geschichte nicht, fordert er sein Gegenüber oft und gerne zur Ernsthaftigkeit auf.

Mach keine Spökes!
Getz ma Butter bei die Fische!
Hömma, erzähl mir keinen vom Pferd!
Wat ein Tinnef!
Wat?! Echt getz?!

Steht der Ruhri selbst im Mittelpunkt seiner Erzählung, hat er für fast jede Gefühlslage eine passende Ansage parat.

Ich habb Muffensausen! (ängstlich)
Ich steh hier wie Änneken Doof! (wartend)
Ich könnt mich beömmeln. (amüsiert)
Ich habb Schmacht/Kohldampf. (hungrig)
Mich is kodderich. (kränkelnd)

Gefällt dem Ruhri etwas, kennt er auch dafür eine Reihe von Ausdrücken.

Astrein!
Spitzenmäßig!
Erste Sahne!
Toffte!

Gerne bedient sich der Ruhri auch aus anderen Sprachen entliehener Begrifflichkeiten.

Ich steck ganz schön inne Bedrullje! (Französisch)
Was eine Mischpoke! (Jiddisch)
Dat is pickobello sauber. (Italienisch)
Gib mich ma den Mottek. (Polnisch)

Passt dem Ruhri beim Gespräch etwas nicht, kombiniert er blitzschnell Ärger mit Ungeduld.

Mach den Kopp zu!
Ich krieg gleich die Pimpanellen!

Ich hab die Faxen dicke!
Et is bald Schicht im Schacht!

Steigert sich der Ärger, folgen bald – teils lieb gemeinte – Beleidigungen und Gewaltandrohungen.

Du blöden Hund!
Knallkopp!
Flitzpiepe!
Fiesen Möpp!
Heiopei!
Ich stiel dich ein, dann passt dir kein Hut mehr!
Gleich hat der Arsch Kirmes!

Ehe man sich versieht, ist der wortreich beschriebene Ärger schon wieder verflogen, und die Versöhnung naht.

Komm, ich tu einen aus.
Käffken oder Pilsken?
Is allet wieda paletti, ne.
Du bis en töfften Kerl.
Komm ma wacker bei mich bei!

Ist am Ende alles wieder gut, kann man sich ruhigen Gewissens verabschieden. Entweder der Ruhri verabschiedet sein Gegenüber:

Hau rein!
Lass knacken!
Sieh zu, dat du wechkommst!

Oder der Ruhri verabschiedet sich selbst:

Ich mach mich vom Acker.
Tschüssikowski!
Bis die Tage!
Glück auf!

Der Ruhrpott ist lustig

Humorvolle Sprüche über die eigene Lage, die Region oder »die da oben« gehören im Ruhrgebiet zum festen Bestandteil eines jeden Smalltalks. Immer wieder bringt diese tägliche Sprücheklopferei mit reichlich Ruhrpottcharme ausgestattete Humoristen hervor, die es zu landesweiter Bekanntheit bringen. Denn wer sich auf der Showbühne beweisen will, für den sind die Kioske, Fußballstadien und Familienfeiern im Ruhrpott die beste Vorbereitung und unerschöpflicher Quell der Inspiration. Hier ein paar dieser Ruhrpott-Größen.

Hape Kerkeling ist einer der bekanntesten und beliebtesten deutschen Humoristen. Geboren wurde er in Recklinghausen.

Frank Goosen, Autor und Kabarettist, ständig mit unterschiedlichen Programmen über das Leben und den Fußball im Ruhrpott auf den Bühnen Deutschlands unterwegs, kommt aus und lebt in Bochum.

Hans Werner Olm, Kabarettist, seit Jahrzehnten Dauergast im deutschen Fernsehen und auf den Bühnen der Republik, u. a. als »Wuchtbrumme« Luise Koschinsky; auch er kommt aus Bochum.

Ludger Stratmann, Kabarettist und Theaterbetreiber, bekannt durch seine Bühnenauftritte als »Dr. Stratmann« und durch verschiedene Formate des WDR, lebt seit frühester Kindheit in Essen.

Ingo Appelt, einer der ersten bundesweit bekannten deutschen Stand-up-Comedians, vor allem durch das Ausloten der Geschmacksgrenzen zu Berühmtheit gelangt, wurde in Essen geboren.

Helge Schneider, Universalgenie im Unterhaltungsbereich, unermüdlich auf Tour und regelmäßig Hauptdarsteller in seinen eigenen Kinofilmen, die zum Teil in seiner Heimatstadt spielen, in Mülheim an der Ruhr.

Hennes Bender, einer der bekanntesten Stand-up-Comedians aus dem Ruhrgebiet, der sein Bühnendebüt im Jahr 1990 in seiner Geburtsstadt feierte, als Hamlet im Schauspielhaus Bochum.

Gerburg Jahnke, Kabarettistin und Regisseurin, berühmt geworden als Teil des Kabarettduos »Missfits« und bis heute Moderatorin der Fernsehsendung »Ladies Night« des WDR, steht nicht nur im Sturmesbrausen in Oberhausen.

Bastian Pastewka, bekanntgeworden durch das Fernsehformat »Die Wochenshow«, heute erfolgreich mit seiner Fernsehserie »Pastewka«, mit eigenen Bühnenprogrammen und als Kinoschauspieler; gebürtig stammt er aus Bochum.

Der Ruhrpott hat so manchen Humoristen dazu angestiftet, eine fiktive Figur zu erschaffen. Hier eine Auswahl:

Herbert Knebel, der von Komiker Uwe Lyko verkörperte Ruhrpott-Rentner, bringt den hiesigen Dialekt bundesweit auf die Bühnen und ist fester Bestandteil der Sendung »Mitternachtsspitzen« des WDR.

Adolf Tegtmeier, die vom verstorbenen Jürgen von Manger erdachte Bühnenfigur, ist bis heute eine der bekanntesten Ruhrpott-Originale. Seine zahlreichen Fernsehauftritte gehören zum festen Wiederholungsrepertoire im öffentlich-rechtlichen Fernsehen.

Atze Schröder, ein mit reichlich Ruhrpottmachismo ausgestatteter Bühnencharakter, dessen Erfinder seine wahre Identität gut zu schützen weiß, ist vor allem bekannt durch zahlreiche Stand-up-Auftritte und seine Fernsehserie »Alles Atze«, die in einem Kiosk seiner Heimat spielt, in Essen.

Else Stratmann, die von Elke Heidenreich ins Leben gerufene Metzgersgattin mit direkter Aussprache und eigener Weltsicht, erlangte vor allem durch TV-Einspieler während der Olympischen Spiele in Los Angeles und Seoul bundesweite Berühmtheit, und mit ihr ihre Heimat Wanne-Eickel.

Alfred Tetzlaff, die vom im Jahr 1999 verstorbenen Heinz Schubert dargestellte Figur, auch bekannt als »Ekel Alfred«, ließ in der von Wolfgang Menge erdachten Serie »Ein Herz und eine Seele« ihren Frust über Gott und die Welt freien Lauf, als Bühne diente ihm seine Arbeiterwohnung in Bochum.

Der Ruhrpott ist international

»Mamma Mia! Es war schrecklich, einfach nur schrecklich. Als ich als junger Mann ohne meine Familie ins Ruhrgebiet zog, fühlte ich mich wie auf einem anderen Planeten. Es war kalt, das Essen schmeckte nicht, die Arbeit war hart, und ich hatte in vielen Gaststätten Hausverbot«, so etwa klingen die Geschichten der ersten italienischen Gastarbeiter, die in den sechziger Jahren ins Ruhrgebiet kamen. Zuvor hatten schon polnische Gastarbeiter ähnlich schlechte Erfahrungen gesammelt, als ihnen klarwurde, dass sie für die unbeliebtesten Arbeiten in der Montanindustrie gerade gut genug waren. Es hat seine Zeit gedauert, bis das Ruhrgebiet die Menschen und Kulturen hinter den Arbeitern entdeckte und zur Einwanderungsregion mit offenen Armen wurde. Heute ist das Ruhrgebiet ein Schmelztiegel der Nationen. Die südländische Küche ist aus dem Revier nicht mehr wegzudenken, genauso wenig wie die türkische Friseurkunst oder das polnische Improvisationstalent. Wo so viele unterschiedliche Temperamente aufeinandertreffen, sind Spannungen kaum vermeidbar. Besonders in Brennpunkten wie Duisburg-Marxloh, der Dortmunder Nordstadt oder Essen-Katernberg wird das Ruhrgebiet zum spannungsgeladenen »Melting Pott«. Die ausländische Bevölkerung der Metropole Ruhr umfasste im Jahr 2013 rund 600 000 Menschen. Den höchsten Ausländeranteil weisen die Städte Duisburg, Gelsenkirchen und Hagen auf. Dass sich der Wohlfühlfaktor im Vergleich zu den sechziger Jahren deutlich verbessert hat, zeigen die jährlich steigenden Zahlen der Einbürgerungen in den größten Ruhrgebietsstädten. Allein in Dortmund wurden zwischen den Jahren 2003 und 2013 rund 16 000 Menschen eingebürgert.

Der Ruhrpott ist religiös

»Gönn dein Nachbar alles, watter hat, die Frau, die Blagen, dat Auto, die Weltreisen und wat sonz noch alles.« So klingen die Zehn Gebote auf Ruhrdeutsch. Knapp 70 % der Menschen im Ruhrgebiet sind entweder Mitglied in der römisch-katholischen oder der evangelischen Kirche. Da hat der ehemalige Essener Pfarrer Walther Henßen die Zehn Gebote unter der Überschrift »Wat Sache is« ins Ruhrdeutsche übersetzt und daraus ein Buch gemacht. Die übrigen rund 30 % der Menschen sind Anhänger anderer Glaubensrichtungen oder konfessionslos.

Das Leben und Arbeiten der Bergleute war schon immer eng mit der Kirche verknüpft. Bei einem Beruf, bei dem jeder Arbeitstag der letzte sein kann, ist Glaube wichtig. Die Bergleute vertrauen deshalb auf ihre Schutzpatronin, die heilige Barbara, zu deren Gedenken die katholische Kirche an jedem 4. Dezember den Barbaratag feiert. Die Beziehung zum Bergbau entstammt der Legende der heiligen Barbara. Es heißt, die zum Ende des dritten Jahrhunderts in Kleinasien lebende Barbara wollte sich dem Christentum zuwenden, was ihr Vater jedoch zu verhindern versuchte. Als sie vor ihrem Vater floh und nach einem Versteck suchte, tat sich wie durch ein Wunder eine Bergspalte auf, durch die sie entkommen konnte. Ihr Vater fand sie dennoch, tötete sie und machte sie damit im Jahr 306 zur Märtyrerin, die bis heute für Stand- und Wehrhaftigkeit steht. Da ein Berg zunächst ihr Leben rettete, wurde sie zur Schutzheiligen der Bergleute. Neben den verschiedenen nach der heiligen Barbara benannten Institutionen und zu ihren Ehren aufgestellten Statuen gibt es im Ruhrgebiet weitere interessante Bauten, anhand deren sich die facettenreiche Religiosität der Region entdecken lässt.

Bethaus im Muttental

Was heute eine Besonderheit ist, gab es im neunzehnten Jahrhundert im Ruhrgebiet grob gesagt an jeder Ecke. Das Bethaus im Muttental in Witten wurde 1830 erbaut und ist heute einzigartig im Ruhrgebiet. In diesen Bethäusern versammelten sich die Bergleute vor und nach der täglichen Schicht zum Gebet. Gleichzeitig dienten die Bethäuser als Sammelstelle vor der Einfahrt in den Stollen. In das Haus war eine Schmiede integriert, in der das Werkzeug der Bergleute direkt vor Ort repariert werden konnte. Das

Bethaus im Muttental steht unter Denkmalschutz und beherbergt unter anderem die Ausstellung »Vom Bethaus zur Kohle – Bergbaugeschichte im Wittener Muttental und Ruhrtal« des Westfälischen Industriemuseums.

Heimkehrer-Dankeskirche Bochum

Die katholische Heimkehrer-Dankeskirche ist schon allein wegen ihres Namens einmalig in Deutschland. Doch was hat es mit der ungewöhnlichen Namenswahl auf sich? 1949 kehrte Pfarrer August Halbe aus russischer Kriegsgefangenschaft zurück nach Bochum. Als Dank für sein Überleben baute er zusammen mit weiteren heimgekehrten Kriegsgefangenen eine Kirche. Und zehn Jahre später, im Jahr 1959, wurde die Kirche eingeweiht und steht seit 2005 unter Denkmalschutz. Um an die Leiden der deutschen Kriegsgefangenen zu erinnern, befindet sich in der Krypta ein Museum, das sich deren Schicksal widmet.

Tafelkirche Heilige Familie Oberhausen

Die 1958 eingeweihte und vom Architekten Rudolf Schwarz entworfene Kirche Heilige Familie in Oberhausen wurde im Zuge der Reform des Bistums Essen 2007 außer Dienst gestellt. Damit könnte die aktive Geschichte dieses katholischen Kirchengebäudes zu Ende sein. Wäre da nicht jemand auf die Idee gekommen, die leerstehende Kirche auf andere Art und Weise zum Zwecke der Nächstenliebe zu nutzen. Und so wurde die Kirche Heilige Familie kurz nach ihrer Schließung als Tafelkirche neu eröffnet und bietet seitdem der Tafel Oberhausen eine Heimat.

Martin Luther Forum Ruhr

In der ehemaligen Markuskirche in Gladbeck befindet sich seit 2008 das Martin Luther Forum Ruhr. Dabei handelt es sich um ein offenes Kulturzentrum, in dem das kulturelle Erbe der Reformation erlebbar gemacht werden soll. Neben der Dauerausstellung »Reformation und Ruhrgebiet« gibt es hier stets wechselnde Ausstellungen und Veranstaltungen. So waren bereits Joachim Gauck und Margot Käßmann Gäste in Gladbeck.

Dorfkirche Bochum-Stiepel

Die evangelische Dorfkirche Stiepel gilt als das älteste Baudenkmal Bochums. Aber ihre überregionale Bekanntheit hat sie einer ganz anderen Tatsache zu verdanken, nämlich den zwischen dem zwölften und sechzehnten Jahrhundert entstandenen Malereien im Inneren der Kirche, die in dieser Fülle einzigartig in Westfalen sind. Neben der langen Historie schreibt die Kirche aber auch in der Gegenwart ihre Geschichte fort. So findet hier jedes Jahr unter dem Motto »Kirche – Kunst – Konzerte« der Stiepeler Kultursommer statt. Dank unzähliger Kirchenkonzerte erklingt in dem über 1000 Jahre alten Gotteshaus das gesamte Jahr über Musik.

Dombauten im Ruhrgebiet

Der Essener Dom ist seit 1958 die Kathedralkirche des Ruhrbistums Essen. Die Geschichte dieses Doms reicht bis in das Jahr 850 zurück. Zu der Zeit wurde das Essener Frauenstift gegründet, dessen Hinterlassenschaft bis heute den Essener Domschatz bildet. Unter anderem befindet sich hier das älteste rundplastische Marienbildnis der Welt, die Goldene Madonna. Sie gehört zu den wichtigsten Kunstwerken der Region.

Neben dem Dom in Essen ist der Xantener Dom St. Viktor eine Berühmtheit. Er blickt auf eine 450-jährige Geschichte zurück und weist mit 281 Jahren eine Bauzeit auf, die gefühlt an die Dauer mancher Großprojekte der Gegenwart heranreicht. Der Xantener Dom gilt als »der größte Dom zwischen Köln und dem Meer«.

Kloster Kamp

Das Gründungsdatum des Klosters Kamp allein gibt schon Auskunft über die lange Historie dieses Hauses. Das Kloster wurde am 31. Januar 1123 gegründet und war damit das erste Zisterzienserkloster auf deutschem Boden. Nach zwischenzeitlicher Zerstörung wurde das Kloster 1640 wiederaufgebaut, bis seine Geschichte durch die Eroberung Napoleons 1802 zunächst ihr Ende fand. Erst 1954 wurde das Kloster in Kamp Lintfort durch den Einzug von Mönchen des Karmeliter-Ordens zu neuem Leben erweckt. 1990 wurde der wiederhergestellte Barockgarten wiedereröffnet und ist bis heute ein beliebtes Ausflugsziel. Auf dem Klostergelände befinden sich, neben Abtei und Garten, ein Café und ein Museum.

Vielfalt der Religionen

Wo steht der größte Dravida-Tempel Europas? In Hamm, wo sonst? Denn die Religionsfreiheit wird im Ruhrgebiet nicht nur durch die zahlreichen Anhänger unterschiedlicher Glaubensrichtungen tagtäglich gelebt, sondern auch in entsprechenden Bauten manifestiert. So leben rund eineinhalb Millionen Muslime in Nordrhein-Westfalen, ein großer Teil davon seit mehreren Jahrzehnten im Ruhrgebiet.

Darüber hinaus gibt es in der Region eine Vielzahl an jüdischen Gemeinden, und auch der griechisch-orthodoxe Glaube wird in der Kirche der Heiligen Apostel zu Dortmund gelebt. Dortmund ist ebenfalls die Heimat des thailändisch-buddhistischen Tempels Wat Dhammabharami.

Sri-Kamadchi-Ampal-Tempel Hamm

Der Sri-Kamadchi-Ampal-Tempel in Hamm ist nicht nur der größte Dravida-Tempel Europas, sondern nach dem Neasden-Tempel in London der zweitgrößte hinduistische Tempel in Europa. Das Tempelfest ist jedes Jahr das Ziel von rund 25 000 Gläubigen. In Deutschland leben etwa 60 000 tamilische Hindus, die den Tempel mit seinem rund 17 Meter hohen Turm, der zum Teil von indischen Tempelbauern errichtet wurde, wohl als würdige Vertretung ihrer Glaubensrichtung ansehen dürften.

Merkez-Moschee Duisburg

Seit 2008 steht eine der größten deutschen Moscheen in Duisburg-Marxloh. Der Gebetsraum und die Empore der Merkez-Moschee bieten Platz für rund 1200 Gläubige. Das Minarett der Moschee ragt rund 34 Meter in die Höhe, der Ruf eines Muezzins erschallt von dort jedoch nicht. Das Gotteshaus dient unter dem Motto »Dialog unter der Kuppel« als Bildungs- und Begegnungsstätte und umfasst auch eine Islam-Bibliothek.

Alte Synagoge Essen

Das Gebäude der heutigen Alten Synagoge wurde 1913 als Neue Synagoge in Essen eingeweiht und fiel den Brandanschlägen vom 9. November 1938 zum Opfer. Während der innere Teil vollends zerstört wurde, überstand der äußere Teil der Synagoge den Zweiten Weltkrieg nahezu unbeschadet. 1959 kaufte die Stadt Essen das leerstehende Gebäude und machte daraus zunächst eine Ausstellungsstätte für Industriedesign. In den achtziger Jahren gab es erste Versuche, den Innenraum zu rekonstruieren und das Gebäude für jüdische Kulturangebote zu nutzen. Seit 2010 wird die Alte Synagoge nach umfassender Renovierung als »Haus jüdischer Kultur« genutzt und gilt als eines der größten freistehenden Synagogengebäude Europas.

Neue Synagoge Gelsenkirchen

Die von der seit 1863 in Gelsenkirchen bestehenden Synagogengemeinschaft Ende des neunzehnten Jahrhunderts gebaute Synagoge wurde am 9. November 1938 in Brand gesetzt. Nach dem Ende des Zweiten

Weltkriegs gründete sich die jüdische Gemeinde in Gelsenkirchen neu und wuchs in den folgenden Jahrzehnten stetig an, so dass die zu Beginn genutzten Gebetsräume nicht mehr genug Platz boten. Die Stadt Gelsenkirchen und das Land Nordrhein-Westfalen unterstützten einen Neubau auf dem Gelände der ursprünglichen Synagoge, der 2007 eingeweiht wurde.

Wat Dhammabharami Tempel Dortmund

In Dortmund befindet sich seit 2007 der thailändisch-buddhistische Tempel Wat Dhammabharami. Der Mönch des Tempels ist Phra Niphon Dulsook, der hier nach der Waldtradition des Therawada-Buddhismus lebt. Diese Tradition befasst sich vor allem mit der Meditation und der Unterweisung in die buddhistische Lehre und Lebensführung.

Der Ruhrpott ist beschäftigt

Wer ans Ruhrgebiet denkt, dem fallen wahrscheinlich Begriffe wie Schrebergarten, Taube, Auto oder Fußball ein. Ist das noch berechtigt?

Urban Schrebergardening

Kinderlachen, Bio und urbanes Leben, das sind die drei Schlagwörter, die den angestaubten Ruf des Ruhrpott-Kleingärtners in den letzten Jahren immer weiter aufgefrischt haben. Denn was um das Jahr 1900 mit den ersten Kleingartenvereinen im Ruhrgebiet begann, in den Zeiten rund um die Weltkriege als wichtige Nahrungsquelle diente und sich in der Industrialisierung zum kleinbürgerlichen Refugium des Arbeiters entwickelte, ist mittlerweile ein bunter Erlebnisraum für Familien. Heute befinden sich rund 1600 Kleingartenanlagen in Nordrhein-Westfalen, ein großer Teil davon liegt mitten im Ruhrgebiet.

Veränderungen liegen in der Natur des Ruhrgebiets, und so gibt es das, was seit einiger Zeit als »Urban Gardening« in aller Munde ist, hier schon längst. Die Kleingartenvereine im Ruhrgebiet erleben einen positiven demographischen Wandel. Immer mehr junge Familien zieht es in die Schrebergärten. Die Gründe dafür sind vielfältig. Teils spart es die Kosten für manche Urlaubsreise, teils ist der Trend zur gesunden Ernährung mit selbstangepflanzten Früchten und Gemüsesorten der Grund. Außerdem können Kinder hier gut behütet ihre Freizeit verbringen und dabei den Kreislauf der Natur auf ganz natürliche Art und Weise kennenlernen. Viele aus der heutigen Elterngeneration kennen das noch von früher, wenn es nach der Schule hieß: »Wir fahren zu Oma und Opa in den Schrebergarten.« Aber nach wie vor gibt es auch die klassischen Laubenpieper, die jeden Grashalm mit der Nagelschere schneiden und darauf achten, dass in »ihren« Schrebergärten alles in geregelten Bahnen abläuft. Den gängigen Vorurteilen wird durch reichlich Gartenzwerge, akkurat gesetzte Beete und der peniblen Beachtung der Kleingartenordnung entsprochen. Genau diese Mischung zwischen Alteingesessenen, Menschen aus unterschiedlichen Kulturkreisen und jungen Familien macht den Reiz der Schrebergärten im Ruhrpott aus. Es ist gar nicht so einfach, hier einen Platz zu ergattern, in vielen Fällen landet man auf Wartelisten. Das mag aber auch daran liegen, dass es eine Handvoll Kleingärtner aus dem Ruhrgebiet dank der Dokusoap »Ab ins Bett!« des Fernsehsenders Vox zu Berühmtheit gebracht hat. Millionen schauen hier sonntäglich Ralf und Claus in ihrem Kleingarten in Bochum oder Detlef aus Moers dabei über die Schulter, wie sie ihre grünen Daumen pflegen. Manche der Ruhrpott-Kleingärten sind im wahrsten Sinne des Wortes eben ausgezeichnet. So gewann der Dortmunder Kleingartenverein Lütgendortmund-Nord im Jahr 2013 die Goldmedaille beim siebten nordrhein-westfälischen Kleingartenwettbewerb des Landes NRW. Welchen Ansprüchen die Kleingärten von heute genügen müssen, zeigt ein Blick in die Bewertungskriterien.

Das Land NRW bewertete die Kleingärtner im Rahmen des Kleingartenwettbewerbs 2013 anhand folgender Kriterien:

1. Städtebauliche Einordnung, Entwicklung und Sicherung
2. Gesellschaftliche Funktion des Vereins im Sinne sozialer Nachhaltigkeit
3. Ökologische und stadtklimatische Funktion
4. Beispielhafte Projekte in der Kleingartenanlage oder im Verein
5. Gestaltung und Nutzung der Einzelgärten
6. Qualität und Kreativität der Präsentation der Anlage bei der Besichtigung

Budenkultur

Anne Bude ist kein Name, sondern eine Standortbestimmung. Was im Großteil der Republik nur als Kiosk bekannt ist, firmiert im Ruhrpott auch unter Bude oder Trinkhalle. Die genaue Zahl dieser kleinen Kioske ist nur schwer zu erfassen. Es gibt jedoch Schätzungen, die von 18 000 Trinkhallen im Ruhrgebiet ausgehen. In diesen besonderen Hallen wird nicht nur Trinkbares aufbewahrt, sondern so gut wie alles, was man nebenbei noch gut gebrauchen kann. Je nach Bude reicht das Sortiment von Fertiggerichten über Kosmetikartikel bis hin zu frischem Obst und Gemüse. Ein besonderer Höhepunkt für jedes Kind im Ruhrgebiet ist bis heute die »bunte Tüte«. In jeder guten Bude stapeln sich grob geschätzt etwa tausend kleine Boxen, in denen sich unterschiedliche, einzeln auswählbare Süßigkeiten befinden. Für die Erwachsenen gibt es, neben einem guten Plausch über Gott und die Welt, kühles Pils, belegte Brötchen oder frisch aufgebrühten Kaffee. Die goldenen Zeiten der Trinkhallen sind durch das Aufrüsten der Tankstellen und die erweiterten Öffnungszeiten der Supermärkte zwar vorbei, aber was den Kultfaktor angeht, bleibt die Bude ungeschlagen. Nicht ohne Grund begibt sich das Bassklarinettenquartett »Die Verwechslung« zusammen mit Gästen aus allen Kunstsparten alle Jahre wieder auf eine mehrwöchige Kiosktour durch das Ruhrgebiet. Dann erschallt im Kiosk Livemusik, und es werden Geschichten rund um die Buden zum Besten gegeben. Vielleicht kommt auch genau in dem Moment Giampiero Piria vorbei, der im Rahmen einer Stadtführung in Bochum zur »Kioskwallfahrt« einlädt und in Zusammenarbeit mit dem Fotografen und Filmemacher Rolf Arno Specht an ausgewählten Kiosken Ruhrgebietsfotografien ausstellt – ein kurzer Weg von nostalgischem Kult zu lebendiger Kultur.

Straßenkapitäne

Das Auto gehört im Ruhrgebiet zur Familie. Diese Liebe zum eigenen Gefährt ist seit Generationen tief verwurzelt. In den Spitzenzeiten der Montanindustrie war das Auto die sichtbare Belohnung für harte Arbeit und wurde entsprechend gehegt und gepflegt. Mittlerweile wird das eigene Fahrzeug mehr und mehr als das betrachtet, was es ist: ein Fortbewegungsmittel. Mit der kleinen Ausnahme, dass ein Großteil der Menschen im Ruhrgebiet fest davon überzeugt ist, ohne eigenes Auto nicht überlebensfähig zu sein. Es ist nicht verwunderlich, dass das Ranking der deutschen Großstädte mit der höchsten Autodichte 2012 von Dortmund angeführt wurde, mit 410 Autos pro 1000 Einwohner, dicht gefolgt von Essen mit 403 Autos pro 1000 Einwohner.

Die Automarke, die wie kaum eine zweite mit dem Ruhrgebiet verbunden ist, heißt Opel. Der Wandel des Reviers seit den fünfziger Jahren lässt sich an den Namen der Modelle gut nachvollziehen. Wo früher der »Kapitän« bestimmte, wo es langging, stehen heute Namen wie »Mokka« und »Insignia« für eine fortschrittliche Internationalität. Jedoch hat der Opel-Standort Bochum den Fortschritt auf traurige Art und Weise zu spüren bekommen. 2014 lief hier der letzte Opel vom Band.

Jahrzehnt	Modellname	Jahrzehnt	Modellname
1950er	Olympia	1990er	Tigra
	Kapitän		Astra
	Blitz		Calibra
	Rekord		Vectra
			Omega
1960er	Kadett	2000er	Signum
	Admiral		Agila
	Diplomat		Zafira
			Meriva
1970er	Manta	2010er	Adam
	Ascona		Cascada
	Commodore		Insignia
			Mokka
1980er	Corsa		
	Senator		
	Monza		

Rennpferd á la Ruhr

2012 gewann ein Züchter aus Oer Erkenschwick mit seiner Taube beim renommierten »South African Million Dollar Pigeon Race« in Südafrika den ersten Platz und erhielt mit seinem »Team Ruhr« ein Preisgeld in Höhe von umgerechnet rund 150 000 Euro. Seine Taube »Rubellos«, der aufgrund eines Schreibfehlers ein »b« abhandenkam, legte die 578 Kilometer in 8 Stunden, 56 Minuten und 16 Sekunden zurück und sicherte sich damit den ersten Platz. Im gleichen Jahr lief in der ARD der von diesem Ereignis inspirierte Film »Das Millionen-Rennen«, mit Axel Prahl und Peter Lohmeyer als Ruhrpott-Taubenzüchter in den Hauptrollen. Diese gezüchteten Brieftauben sind nicht zu verwechseln mit Stadttauben, die Fußgängerzonen besiedeln und sich von Essensresten ernähren. Es würde wohl kaum jemand auf die Idee kommen, für solch eine verwahrloste Taube Hunderte oder gar Tausende Euro auf den Tisch zu legen. Für Laien ist der Unterschied zwischen Brief- und Stadttaube an dem kleinen Fußring zu erkennen, der als »Tauben-Personalausweis« dient. Ähnlich wie beim Pferdesport lassen Taubenzüchter ihre Tauben regelmäßig an Wettrennen teilnehmen und kämpfen miteinander um Pokale, Geld und vor allem die Ehre. Das Ruhrgebiet war schon immer eine der Wiegen des Taubensports. Nicht umsonst sitzt der Verband Deutscher Brieftaubenzüchter e. V. in Essen. Darüber hinaus ist es den Brieftauben zu verdanken, dass sich zwei Städte aus dem Ruhrgebiet gleich mit der Ausrichtung mehrerer Olympiaden schmücken können. 1961 fand die VIII. Brieftauben-Olympiade in Essen statt. 1987 strömten über 50 000 Besucher zur Brieftauben-Olympiade in die Dortmunder Westfalenhallen, die

2009 erneut Heimat dieser Veranstaltung waren. Die Tierchen verfügen sogar über eine eigene Privatklinik. In der Taubenklinik Essen, von ihrer Gründung im Jahr 1972 bis heute die weltweit einzige ihrer Art, stehen den Tauben zwar keine Einzelzimmer, dafür aber Einzelkäfige zur stationären Behandlung zur Verfügung. Das Behandlungsspektrum reicht, genau wie bei menschlichen Spitzensportlern, von Laboruntersuchungen bis zu Endoskopien. Ursprünglich galt die Brieftaube als zuverlässiger und schneller Nachrichtenüberbringer in Kriegszeiten. Erst als die Zeiten friedlicher und die Kommunikationsmittel ausgefeilter wurden, trat der Wettbewerb in den Vordergrund.

König Fußball

Nimmt man die Zuschauerkapazitäten der Ruhrpottstadien in den ersten drei Profiligen zusammen und setzt voraus, dass alle Vereine ein Heimspiel haben, sind an einem Wochenende bis zu 200 000 Menschen auf den Beinen. Denn lange bevor es Fanmeilen oder den Gewinn des WM-Titels 2014 gab, war der Fußball im Ruhrgebiet das größte verbindende Element. Jeder im Ruhrgebiet ist auf irgendeine Art und Weise mit dem Fußball verbunden – ob Fan im Stadion, Elternteil eines kickenden Kindes, Aktiver eines Amateurvereins oder als großer Kiosk-Taktikerklärer. Samstags ab 15:30 Uhr ruht in vielen Teilen des Reviers das Leben. Aus den Kneipen dringen die Kommentare der Fernsehreporter, unterlegt von immer wieder anschwellendem Gemurmel. Wer kein Fernsehen schaut, schaltet die Radiokonferenz ein und macht es sich draußen gemütlich. Selbst die Menschen, die nicht ins Stadion gehen, demonstrieren ihre Nähe zum Sport. In den Schrebergärten werden Vereinsfahnen gehisst, aus Autofenstern wehen Fußballschals im Fahrtwind, und viele Häuser und Körper sind mit Fanutensilien geschmückt. Auch wenn zwischen den Ruhrpottvereinen ausgeprägte Rivalitäten bestehen, sind sich, bis auf ein paar in der Diaspora lebende Süddeutsche, alle in einer Sache einig: Der FC Bayern München muss verlieren. Verliert er auch noch gegen eine Ruhrpottmannschaft, ist der Jubel umso größer. Aber die größte Freude kommt immer dann auf, wenn eine Ruhrpottmannschaft der anderen drei Punkte klaut. Vor allem bei der »Mutter aller Derbys«, dem Ruhrderby zwischen Borussia Dortmund und dem FC Schalke. Hier geht es nicht nur um einen Sieg, hier geht es für viele um die Stimmung am Arbeitsplatz oder im Bekannten- und Familienkreis und generell um ein besseres Lebensgefühl. Jeder Fußballspieler, der zum ersten Mal dieses Derby verliert, wird bald darauf mit Worten wie »Die Woche danach konnte ich nicht mehr zum Bäcker gehen« zitiert. Besonders beliebt bei »verfeindeten« Arbeitskollegen ist es, dem unterlegenen Fan am Arbeitstag nach dem Spiel unkommentiert eine Packung Taschentücher an den Arbeitsplatz zu legen. Aber ein richtiger Fan lässt sich nach einer kräftigen Derbyniederlage so oder so erst mal ein paar Tage krankschreiben, um dem größten Spott aus dem Weg zu gehen.

Der Ruhrpott ist ein bisschen stolz

Ob die Menschen im Ruhrgebiet stolz auf ihre Heimat sind? Früher wäre die Antwort vermehrt ein klares Nein gewesen. »Früher« meint die Zeit, als das Ruhrgebiet noch als der von Proleten bewohnte, verrußte Kohlenpott galt. Das Klischee bescheinigte dem Ruhrpottler harte, aber geistig einfache Arbeit, verbunden mit einem entsprechenden Intelligenzquotienten. Fragte man zu dieser Zeit einen Bewohner des Ruhrgebiets, wo das Ruhrgebiet beginnt, erhielt man regelmäßig die Nachbarstadt als Antwort. Doch das ist lange vorbei. Vor allem durch die identifikationsstiftenden Fußballvereine, die bundesweit für Aufsehen sorgenden kulturellen Events und die konsequente Umgestaltung ehemaliger Industrieflächen zu grünen Lungen und Freizeitarealen ist man heute stolzer denn je auf »sein Revier«. Das Ruhrgebiet ist Kult. Es gibt nichts, was es nicht mit dem

Label »Ruhrpott« zu kaufen gibt. Von Schmuck über Getränke bis zu Büchern und Einrichtungsgegenständen reicht das Angebot. Exemplarisch für diesen Trend steht das »Püttstück«, ein kohlrabenschwarzes Stück Seife in Brikettform, das zeigt, wie humorvoll und kreativ im Ruhrgebiet mittlerweile mit der eigenen Vergangenheit umgegangen wird.

Der Ruhrpott verliebt sich

Was die Liebe angeht, ist das Ruhrgebiet eine der liberalsten Regionen Deutschlands. Bereits 1972 wurde in Dortmund mit dem »Kommunikationszentrum Ruhr« das älteste, heute noch existierende Zentrum für Lesben und Schwule gegründet. Ähnlich sah es in Bochum aus, dort wurde in den achtziger Jahren im Bahnhof Langendreer regelmäßig der lesbische »Frauenschwoof« und der männliche Gegenpart, die »BO-YS«-Party, organisiert. Die Suche nach dem Partner fürs Leben ist unabhängig von der sexuellen Orientierung nicht so einfach, wie der alte Spruch von Topf und Deckel vermuten lässt. 2011 lebten knapp eine Million Menschen im Ruhrgebiet in einem Single-Haushalt. Die Anzahl der Ehepaare und eingetragenen gleichgeschlechtlichen Lebenspartnerschaften lag mit etwas über einer Million wenig darüber. 2013 gaben sich rund 21500 Töpfe und Deckel das Ja-Wort. Spitzenreiter war die Stadt Recklinghausen mit knapp 2500 Hochzeiten. Sorgen machen, noch den richtigen Partner zu finden, müssen sich statistisch gesehen die Einwohner der Städte Herne und Bottrop. In Bottrop heirateten 2013 gerade mal 520 Paare, in Herne waren es mit 650 nur unbedeutend mehr. Auffallend ist, dass die Männer im Durchschnitt drei Jahre länger brauchen, um sich zur Hochzeit »durchzuringen«.

Kreise und kreisfreie Städte	Hochzeiten 2013	Durchschnittsalter Männer	Durchschnittsalter Frauen
Kreis Recklinghausen	2498	37,5	34,7
Essen	2229	37,6	34,5
Kreis Wesel	2201	37,7	34,7
Dortmund	2183	37,0	34,4
Ennepe-Ruhr-Kreis	1816	38,0	35,2
Duisburg	1727	36,6	33,8
Kreis Unna	1654	37,3	34,6
Bochum	1387	37,4	34,7
Gelsenkirchen	1180	35,3	32,7
Mülheim an der Ruhr	966	38,1	35,0

Ungewöhnliche Hochzeitslokalitäten

Warum reisen Türkinnen und Türken aus dem Ruhrgebiet und von weit darüber hinaus jedes Wochenende nach Duisburg? Weil sich im Stadtteil Marxloh eine der deutschlandweit bekanntesten Einkaufsstraßen für türkische Hochzeitsfeiern befindet. Von Kleidern und Anzügen über Schmuck bis zu Geschenken für die Hochzeitsgäste ist in den unzähligen Geschäften auf der Weseler Straße alles bei einem einzigen Shoppingbummel zu finden. Mittlerweile haben auch viele Deutsche mitbekommen, dass man sich in Duisburg perfekt für die eigene Hochzeit ausstatten kann. Denn egal aus welcher Kultur die Brautpaare kommen, am Ende läuft es überall auf eine Frage hinaus: »Wie sehe ich aus?« Ist das perfekte Outfit gefunden, geht es an die Wahl der Lokalität. Und hier hat das Ruhrgebiet eine Reihe ausgefallener Orte zu bieten.

Hochzeit unter Tage

Das Ruhrgebiet wäre nicht das Ruhrgebiet, wenn man hier nicht auch unter Tage heiraten könnte. Im ehemaligen Lehrstollen der Zeche Ewald in Herten ist das seit 2012 möglich. Das Platzangebot des rund 200 Quadratmeter großen Stollens reicht für etwa 100 Personen. Im sogenannten Kohlenkeller bietet die Stadt Herten zusammen mit einem Catering-Unternehmen eine standesamtliche Trauung unter Tage an. Das Brautpaar und die Gäste können dann gleich vor Ort mit »Häppken und piekfeinem Gedöns« die Hochzeitsfeierlichkeiten beginnen.

Hochzeit auf Gleisen

In Bochum rollt regelmäßig ein Standesamt über die Gleise der Stadt. Denn der Triebwagen einer historischen Straßenbahn des Modells TW 96 wurde kurzerhand in ein Trauzimmer umgewandelt. Der Wagen verfügt über 16 Sitz- und zehn Stehplätze und nimmt die Hochzeitsgesellschaft nach erfolgreicher Trauung gleich mit auf eine Stadtrundfahrt. Mittlerweile ist ein weiterer Triebwagen hinzugekommen, der noch mehr Brautpaaren die Möglichkeit gibt, sich zur Hochzeit direkt an der »eigenen« Straßenbahnhaltestelle vor der Haustür abholen zu lassen.

Hochzeit im Stadion

Für eingefleischte Fußballfans kommt als Hochzeitslokalität nur eine ganz bestimmte Kathedrale in Frage, das Stadion des Lieblingsvereins. Und so ist es kein Wunder, dass eine Hochzeit in den Stadien der beiden Branchenführer Borussia Dortmund und FC Schalke 04 ohne Probleme buchbar ist. Die modernen Stadien erlauben dank Logen und Gastronomiebetrieben nicht nur eine standesamtliche Trauung in den heiligen Hallen des Lieblingsvereins, sondern gleichzeitig eine Verköstigung der Gäste.

Hochzeit auf der Ruhr

In Witten wird der Spruch »In den Hafen der Ehe einlaufen« wörtlich genommen. Auf dem Ruhrschiff »Schwalbe« können Brautpaare mitten auf der Ruhr heiraten. Der Ablauf erinnert dabei an ein bekanntes Fernsehschiff. Die Standesbeamtin steigt an einer Schleuse zu, vermählt das Brautpaar, um kurz darauf das Schiff wieder zu verlassen und das frisch angetraute Paar gemeinsam in den Sonnenuntergang schippern zu lassen.

Hochzeit unter Sternen

Wer unterm Sternenhimmel heiraten möchte, aber keinen Standesbeamten findet, der bis in die tiefe Nacht auf das Ja-Wort wartet, ist im Zeiss-Planetarium Bochum an der richtigen Stelle. Im Trauzimmer »Sternenhimmel« finden 50 Gäste Platz, die dabei zuschauen können, wie sich das Brautpaar im wahrsten Sinne des Wortes gegenseitig die Sterne vom Himmel holt.

Hochzeit auf Maloche

Das Industriedenkmal Kokerei Hansa in Dortmund vermittelt schon bei der Trauung den Eindruck, dass eine Ehe nicht nur Freude, sondern auch Arbeit bedeutet. Hier können sich Brautpaare das Ja-Wort am ehemaligen »Ort der Maloche« in der Waschkaue geben. Alternativ steht noch die Kompressorenhalle mit ihren gewaltigen Maschinen, den sogenannten stählernen Riesen, zur Verfügung.

Der Ruhrpott vermehrt sich

2013 kamen im Ruhrgebiet knapp 40 000 Kinder zur Welt. Zahlenmäßig lagen Dortmund und Essen vorne, dort wurden zusammengenommen fast 10 000 Kinder geboren. Was die durchschnittliche Kinderzahl angeht, ist Hamm mit 1,51 Kindern pro Frau Spitzenreiter. Die niedrigste Kinderzahl pro Frau zwischen fünfzehn und fünfzig Jahren weisen die Städte Bottrop mit 1,28 und Bochum mit 1,21 Kindern auf. Mal ganz davon abgesehen, dass bis heute nicht genau geklärt ist, wie 1,21 Kinder in der Realität ausschauen.

Kreise und kreisfreie Städte	Kinderzahl je Frau	Neugeborene 2013
Hamm	1,51	1571
Kreis Unna	1,47	3027
Kreis Recklinghausen	1,43	4647
Mülheim an der Ruhr	1,43	1293
Duisburg	1,41	4173
Kreis Wesel	1,41	3353
Ennepe-Ruhr-Kreis	1,39	2367
Herne	1,36	1212
Gelsenkirchen	1,35	2037
Essen	1,34	4852

Das Kind braucht einen Namen

Luke Sky Walker oder Benjamin Blümchen? Im Ruhrgebiet kann es nur einen geben. Glaubt man einer in Bochum erschienenen Geburtsanzeige, wurde dem Namenswunsch Luke Sky Walker stattgegeben, während das Standesamt in Duisburg dem Vorschlag Benjamin Blümchen eine Absage erteilte. Wo in älteren Generationen Namen wie Horst, Josef oder Ralf bei den Herren und Gisela, Wilma und Elisabeth bei den Damen vorherrschen, kam es nach der Jahrtausendwende zu der einen oder anderen namentlichen Modeerscheinung, die das Bild des

Ruhrgebiets prägten. Dem gängigen Vorurteil nach müssten Namen wie Chantal, Jacqueline (Schakkeline gesprochen), Sarafina, Kevin, Justin oder Prince über die Spielplätze des Ruhrgebiets schallen. Die Realität hingegen sieht einfallsloser aus. So waren die fünf beliebtesten Vornamen des Jahres 2013 in den größten Ruhrgebietsstädten nahezu identisch. Vielleicht gönnen sich die Eltern der Region auch nur eine kurze Denkpause, um dann mit voller Kreativität gegen den einheitlichen Namensbrei zurückzuschlagen. So führten Marie, Sophie und Emilia das Ranking der beliebtesten Mädchennamen an, während bei den Jungs Maximilian, Alexander und Luca die vorderen Plätze belegten. Doch gehört zum Vornamen auch der Familienname, und das kann zu mancher Problematik führen, sind viele in der Region verwurzelte Nachnamen doch so hart wie die dort gepflegte Aussprache. Besonders häufig tauchen Nachnamen mit Endungen wie »ski«, »kamp« oder auch »zek« und »schak« auf. Eine Sophie Müller klingt ganz anders als eine Sophie Grabowski. Auch ein Leon Keller kommt weicher über die Lippen als ein Leon Korrazck. Aber so ist das in einer Einwanderungsregion. Hier finden sich polnische, italienische, türkische und viele weitere Einflüsse in den Nachnamen, die zwar anders klingen, dafür aber umso mehr Geschichte mit sich tragen.

Die beliebtesten Vornamen im Ruhrgebiet

Dortmund

Mädchenname	Jungenname
Sophie	Maximilian
Marie	Alexander
Maria	Leon
Mia	Luca
Emilia	Ben

Essen

Mädchenname	Jungenname
Marie	Maximilian
Sophie	Alexander
Sophia	Paul
Emilia	Elias
Mia	Luca

Bochum

Mädchenname	Jungenname
Sophie	Alexander
Marie	Luca
Emilia	Paul
Lena	Maximilian
Mia	Felix

Gelsenkirchen

Mädchenname	Jungenname
Sophie	Elias
Marie	Luca
Mia	Ben
Maria	Alexander
Lina	Leon

Der Ruhrpott lässt sich scheiden

In Deutschland wird etwa jede dritte Ehe geschieden. Mit dieser Zahl wird so gut wie jeder konfrontiert, der das Abenteuer Ehe in Angriff nimmt. In den meisten Fällen werden diese Vorbehalte mit einem »Ach, wir doch nicht« zur Seite gewischt. Aber auch im Ruhrgebiet bestätigen die Scheidungszahlen diesen Trend. Allein 2013 wurden über 11 000 Ehen geschieden, die Zahl der davon betroffenen minderjährigen Scheidungskinder belief sich auf knapp 10 000.

Kreise und kreisfreie Städte	Scheidungen 2013	Betroffene Kinder
Kreis Recklinghausen	1459	1138
Dortmund	1347	1040
Essen	1206	998

Kreise und kreisfreie Städte	Scheidungen 2013	Betroffene Kinder
Kreis Wesel	1134	992
Duisburg	1029	842
Kreis Unna	965	810
Ennepe-Ruhr-Kreis	779	663
Bochum	756	583
Gelsenkirchen	503	385
Hagen	503	467

Der Ruhrpott wird alt

Obwohl es die bevölkerungsreichste Region Deutschlands ist, nimmt die Zahl der Menschen im Ruhrgebiet nicht zu, sondern ab. Bis zum Jahr 2030 soll die Bevölkerungszahl laut aktuellen Prognosen um knapp 8 % sinken, bei gleichzeitigem Anstieg des Altersdurchschnitts. So sind schon jetzt rund 70 % der Bevölkerung über dreißig Jahre alt und über 40 % älter als fünfzig Jahre. Es dauert also nicht mehr lange, bis die Hälfte der Ruhrgebietseinwohner fünfzig Lebensjahre hinter sich gelassen hat.

Prognose der Bevölkerungsentwicklung im Ruhrgebiet

Altersgruppen	2011	2030	Veränderung
Unter 5 bis unter 10 Jahre	419 756	378 357	– 9,86 %
10 bis unter 20 Jahre	531 338	402 405	– 24,27 %
20 bis unter 40 Jahre	1 198 237	1 076 535	– 10,16 %
40 bis unter 60 Jahre	1 595 309	1 189 032	– 25,47 %
60 bis unter 80 Jahre	1 109 936	1 328 106	+ 19,66 %
80 Jahre und mehr	295 731	380 062	+ 28,52 %
Insgesamt	5 150 307	4 754 497	– 7,69 %

Der Ruhrpott dankt ab

Je höher das durchschnittliche Alter einer Bevölkerung, desto höher ist die Wahrscheinlichkeit, dass sich die Sterberate entsprechend nach oben entwickelt. Schon im Jahr 2013 sind in allen Kreisen und kreisfreien Städten des Ruhrgebiets mehr Menschen verstorben als im Jahr zuvor. Mit einer einzigen Ausnahme. Die Stadt Herne hat einen Rückgang der Verstorbenenzahlen um rund 1% zu verzeichnen. Wer jetzt denkt, in Herne lebt es sich deshalb besonders lang, der irrt. Denn rechnet man die Sterbefälle auf je 1000 Einwohner um, liegt Herne bei der Sterblichkeitsrate weit vorne, und die Stadt Hamm und der Kreis Wesel haben die wenigsten verstorbenen Einwohner zu verzeichnen.

Die höchsten Anstiege der Sterbefälle

Kreise und kreisfreie Städte	Gestorbene 2012	Gestorbene 2013	Zunahme
Mülheim an der Ruhr	2141	2297	7,3%
Bottrop	1355	1434	5,8%
Kreis Wesel	5153	5415	5,1%
Oberhausen	2637	2770	5,0%
Essen	7180	7503	4,5%
Duisburg	6026	6255	3,8%
Ennepe-Ruhr-Kreis	4152	4310	3,8%
Dortmund	6702	6953	3,7%
Bochum	4417	4563	3,3%
Hagen	2398	2478	3,3%

Die niedrigsten Sterblichkeitsraten

Kreise und kreisfreie Städte	Sterbefälle je 1000 Einwohner	Männlich	Weiblich
Hamm	11,5	973	1056
Kreis Wesel	11,8	2671	2744
Dortmund	12,1	3388	3565
Bottrop	12,3	680	754
Kreis Unna	12,6	2094	2469

Die höchsten Sterblichkeitsraten

Kreise und kreisfreie Städte	Sterbefälle je 1000 Einwohner	Männlich	Weiblich
Herne	13,8	1024	1112
Mülheim an der Ruhr	13,8	1074	1223
Ennepe-Ruhr-Kreis	13,3	2026	2284
Hagen	13,3	1184	1294
Gelsenkirchen	13,3	1656	1783

Besondere letzte Ruhestätten

Die Menschen im Ruhrgebiet sterben nicht. Sie nippeln ab. Dafür steht ihnen im Ruhrgebiet eine große Auswahl an letzten Ruhestätten zur Verfügung, bei denen auch Haustiere nicht unberücksichtigt bleiben. Wer zu Lebzeiten vom Tod nichts wissen will und die Friedhofswahl den Hinterbliebenen überlässt, sollte sich vorher über seinen Beliebtheitsgrad in der Familie erkundigen. Sonst kann es passieren, dass man beispielsweise als Schwarz-Gelber auf dem königsblauen Schalke-Friedhof in Gelsenkirchen landet.

Schalke FanFeld

Für echte Fußballfans in Gelsenkirchen stellt sich vor dem Ableben folgende Frage: Möchte ich näher bei meinen Angehörigen oder näher bei meinem Verein begraben werden? Denn die Gemeinschaftsgrabanlage »Schalke FanFeld« auf dem Friedhof Gelsenkirchen Beckhausen-Sutum ist nicht nur in Stadionform angelegt und blau-weiß bepflanzt, sondern liegt auch in Sichtweite zur Schalker Veltins-Arena. In der Mitte der Anlage befindet sich ein kleines Fußballfeld inklusive Tore und ein als Schalke-Logo gestalteter Mittelkreis.

Friedhof am Hallo

Die Besonderheit des Friedhofs am Hallo in Essen ist das muslimische Gräberfeld. Es ist so angelegt, dass die Verstorbenen mit Blick gen Mekka bestattet werden können. Dieser Umstand hat den Friedhof bei Muslimen weit über Essen hinaus bekanntgemacht. Es wurde bereits 1972 angelegt und 2010 um ein weiteres Feld ergänzt. Der Friedhof am Hallo selbst besteht seit 1918 und verfügt über eine Gesamtfläche von rund 20 Hektar mit insgesamt über 17 000 Gräbern.

Krupp-Familienfriedhof

Wer nach dem Ableben weiterhin im engen Kreise seiner Familie bleiben möchte und über die entsprechenden Mittel verfügt, könnte sich ein Beispiel am Krupp-Familienfriedhof nehmen. Dabei handelt es sich um einen extra abgegrenzten Teil auf dem städtischen Friedhof in Essen-Bredeney, der durch ein eigenes Eingangstor zu erreichen ist. Besonders beeindruckend ist das von Bildhauer Otto Lang gestaltete Grabmal von Friedrich Alfred Krupp. Dabei handelt es sich um einen Marmor-Sarkophag, der von den ausgestreckten Flügeln eines riesigen Adlers beschützt wird. Am vorderen Teil des Sarkophags ist das Logo der Firma Krupp, die weltweit bekannten drei Ringe, angebracht.

Eduard-Müller-Krematorium

Das Eduard-Müller-Krematorium, das erste Krematorium Preußens, steht bis heute in Hagen. Es wurde rund vier Jahre vor der Legalisierung der Kremierung gebaut und blieb bis zum 16. September 1912 ungenutzt. Die von dem Künstler Peter Behrens gestaltete Einrichtung ist nach dem damaligen Vorsitzenden des Vereins für Feuerbestattung Hagen Eduard Müller benannt. Das unter Denkmalschutz stehende Gebäude wird bis heute als Krematorium genutzt.

Auferstehungskirche Heilig Kreuz Mülheim

Die Frage, wie eine Urne würdevoll auch außerhalb eines Friedhofs beigesetzt werden kann, wurde in Mülheim an der Ruhr im Zuge einer Kirchenzusammenlegung im Jahr 2009 auf besondere Art und Weise beantwortet. Die zur Pfarrgemeinde St. Barbara gehörende Auferstehungskirche Heilig Kreuz wurde im Rahmen eines Pilotprojekts zur Urnenkirche umgewandelt und bietet Hinterbliebenen seitdem Raum zur Trauer und zum Gedenken. Die Kirche bietet insgesamt Platz für rund 1500 Urnen.

RuheForst Philippshöhe Hagen

Auf dem »RuheForst Philippshöhe Hagen« befinden sich die als »RuheBiotope« bezeichneten Gräber in einem 57 Hektar großen Waldgebiet. Die Urnen werden an markanten Naturmerkmalen wie einem Baum, einem Strauch oder einer Moosfläche begraben. Eine Erdbestattung ist im »RuheForst« nicht gestattet. Grabpflege ist ausdrücklich nicht erwünscht, das übernimmt die Natur. Besuchen kann man die Grabstätten aber natürlich, und auch deren namentliche Kennzeichnung ist möglich.

Tierfriedhöfe im Ruhrgebiet

Einer der bekanntesten Tierfriedhöfe des Ruhrgebiets liegt in Oberhausen. Auf etwa 5000 Quadratmetern befinden sich dort rund 400 Gräber, und selbst eine Schlange fand dort ihre letzte Ruhestätte. Wer sein verstorbenes Haustier lieber weiter in seiner Nähe hat, für den bieten die Friedhofsbetreiber Einäscherungen an, nach denen die Asche des Tieres in einer Urne mit nach Hause genommen werden kann. Manche Friedhofsbetreiber verfügen mittlerweile über eigene Trauerbegleitungen, die den Trauernden über den Verlust hinweghelfen sollen.

Politik & Wirtschaft

Wenn viele Köche den Brei verderben, ist der Ruhr-pott politisch gesehen eine anspruchsvolle Angele-genheit. Denn das Ruhrgebiet gehört mit Arnsberg, Düsseldorf und Münster drei unterschiedlichen Re-gierungsbezirken an und mit Rheinland und West-falen-Lippe zwei verschiedenen Landschaftsverbän-den. Um die Sache noch einen Hauch komplizierter zu machen, verfügt das Ruhrgebiet außerdem über ein eigenes Parlament: Das Ruhrparlament ist die Verbandsversammlung des Regionalverbandes Ruhr (RVR) und verleiht der Region bei verschiedenen Themengebieten wie Infrastruktur, Tourismus oder Wirtschaftsförderung eine einheitliche Stimme. Der 2004 gegründete RVR fungiert als politische Klammer der Metropole Ruhr und besteht als Kör-perschaft des öffentlichen Rechts aus vier Kreisen und elf kreisfreien Städten. Die Vertreter des Ruhr-parlaments werden zurzeit noch von den Kreistagen und Stadträten entsandt, die Einführung einer Di-rektwahl ist jedoch geplant.

Regierungsbezirk Düsseldorf

Kreis	Kreisfreie Städte
Wesel	Duisburg
	Essen
	Mülheim an der Ruhr
	Oberhausen

Regierungsbezirk Münster

Kreis	Kreisfreie Städte
Recklinghausen	Bottrop
	Gelsenkirchen

Regierungsbezirk Arnsberg

Kreis	Kreisfreie Städte
Ennepe-Ruhr	Bochum
Unna	Dortmund
	Hagen
	Hamm
	Herne

Das Ruhrgebiet gilt seit vielen Jahrzehnten als die Herzkammer der Sozialdemokratie. Ohne die mehrheitliche Unterstützung der knapp vier Millionen Wahlberechtigten des Reviers ist es nur schwer möglich, Ministerpräsident des Landes NRW zu werden. Bei der Landtagswahl 2012 holte die SPD bei einer Wahlbeteiligung von 58 % in den Wahlkreisen des Ruhrgebiets durchschnittlich knapp 50 % der Stimmen, im Bezirk Duisburg IV sogar 55,5 %. Bei den Kommunalwahlen 2014 kam es noch zu ganz anderen Ergebnissen. Die Stadt Gevelsberg wählte Claus Jacobi von der SPD mit 88 % zum Bürgermeister. Er ist damit einer der erfolgreichsten Bürgermeister Deutschlands. Bevor hier ein falscher Eindruck entsteht: Die zweite große Volkspartei CDU tritt nach wie vor in den Wahlkreisen des Ruhrgebiets an. So gehören unter anderem die Bürgermeister der ans Münsterland grenzenden Städte Hamm, Haltern am See und Dorsten der CDU an. Der Kontrast zwischen der politischen Vorliebe des Ruhrgebiets und dem Rest der Republik zeigte sich besonders stark bei der Bundestagswahl 2013. Dort holte die SPD im Kommunalverband Ruhrgebiet knapp 40 % der Stimmen und lag damit vor der CDU. Das bundesweite Ergebnis der SPD lag jedoch um rund 15 % niedriger. Ähnlich sah es bei der Europawahl im gleichen Jahr aus.

Ergebnis der Kommunalwahl 2014

Partei	Ergebnis Ruhrgebiet	Ergebnis NRW
SPD	38,9 %	31,6 %
CDU	30,1 %	37,0 %
Bündnis 90/ Die Grünen	10,1 %	11,1 %
FDP	3,3 %	4,9 %
Die Linke	5,3 %	3,7 %

Ergebnis der Europawahl 2014

Partei	Ergebnis Ruhrgebiet	Ergebnis NRW	Ergebnis BRD
SPD	39,9 %	33,7 %	27,3 %
CDU/CSU	28,9 %	35,6 %	35,4 %
Bündnis 90/ Die Grünen	9,1 %	10,1 %	10,7 %
FDP	3,1 %	4,0 %	3,4 %
Die Linke	5,5 %	4,7 %	7,4 %
AfD	5,9 %	5,4 %	7,1 %

Ergebnis der Bundestagswahl 2013

Partei	Ergebnis Ruhrgebiet	Ergebnis NRW	Ergebnis BRD
SPD	39,3 %	31,9 %	25,7 %
CDU/CSU	32,4 %	39,8 %	41,5 %
Bündnis 90/ Die Grünen	7,3 %	8,0 %	8,4 %
FDP	3,9 %	5,2 %	4,8 %
Die Linke	7,1 %	6,1 %	8,6 %

Politiker aus dem Ruhrgebiet

Das Ruhrgebiet hat bisher dreimal den Ministerpräsidenten des Landes Nordrhein-Westfalen und einmal den Bundespräsidenten der Bundesrepublik Deutschland gestellt. Außerdem stammt der amtierende Bundestagspräsident aus Bochum.

Bundespräsident

Gustav Heinemann (SPD), 1899 in Schwelm geboren, war von 1969 bis 1974 Präsident der Bundesrepublik Deutschland. Zuvor war er von 1946 bis 1949 Oberbürgermeister von Essen. Er trat 1952 aus der CDU aus und 1957 der SPD bei. Er bezeichnete sich selbst als Bürgerpräsident und sah seine Aufgabe darin, die Eigeninitiative der Menschen auch gegenüber politischen und behördlichen Funktionsträgern zu stärken.

Bundestagspräsident

Norbert Lammert (CDU) wurde 1948 in Bochum geboren. Er sitzt seit 1980 im Deutschen Bundestag und wurde 2002 dessen Vizepräsident. Seit 2005 ist er Präsident des Deutschen Bundestages und wird vor allem für sein rhetorisches Talent und seinen Einsatz für die Souveränität und die Rechte des Parlaments über die Parteigrenzen hinweg geschätzt.

Ministerpräsidenten

Hannelore Kraft (SPD), 1961 in Mülheim an der Ruhr geboren, ist die erste Ministerpräsidentin des Landes Nordrhein-Westfalen und die dritte Person aus dem Ruhrgebiet, die dieses Amt seit 1946 bekleidet. Sie regiert zusammen mit Bündnis 90/Die Grünen, die mit Sylvia Löhrmann die stellvertretende Ministerpräsidentin stellen. Ihre Herkunft schlägt sich häufig in ihren politischen Statements nieder. So zeigt sie gerne »klare Kante«, kündigt »gute Arbeit« an und sieht sich »nah bei den Menschen«. Ihre größte Herausforderung dürfte es sein, ihren Anspruch, kein Kind in puncto Bildung und Teilhabe an der Gesellschaft zurückzulassen, mit den hohen Schuldenständen im Land in Einklang zu bringen.

Wolfgang Clement (ehemals SPD), geboren 1940 in Bochum, war von 1998 bis 2002 Ministerpräsident. Während seiner Regierungszeit versuchte er zukunftsfähige Branchen im Ruhrgebiet anzusiedeln und damit den Strukturwandel weiter voranzutreiben. 2002 wechselte Wolfgang Clement als sogenannter Superminister für die Bereiche Arbeit und Wirtschaft in das Kabinett von Bundeskanzler Gerhard Schröder nach Berlin. Er war maßgeblich an der Umsetzung des Reformpakets »Agenda 2010« beteiligt, zu dem unter anderem die Hartz-Gesetze gehören. Wolfgang Clement trat 2008 nach innerparteilichen Unstimmigkeiten aus der SPD aus.

Fritz Steinhoff (SPD), geboren 1897 in Wickede, war der erste Ministerpräsident aus dem Ruhrgebiet und zugleich der erste aus den Reihen der SPD in Nordrhein-Westfalen. Er regierte das Land NRW von 1956 bis 1958 in einer sozialliberalen Koalition. Fritz Steinhoff stammte aus einer Bergarbeiterfamilie und arbeitete vor seiner politischen Karriere selbst unter Tage. Vor seiner relativ kurzen Amtszeit als Ministerpräsident war er unter anderem Oberbürgermeister der Stadt Hagen.

Ein Ministerpräsident, der knapp hinter der Grenze des Ruhrgebiets, in Wuppertal, geboren wurde, soll hier nicht unerwähnt bleiben. Das ist der 2006 verstorbene **Johannes Rau** (SPD), der das Amt von 1978 bis 1998 innehatte. Er hat mit seinem Wahlspruch »Versöhnen statt spalten« den Strukturwandel des Ruhrgebiets mitgestaltet und als »Papa Rau« die eine oder andere Streitigkeit geschlichtet. Er war es, der 1988 im Rahmen der Montan-Konferenz mit dem damaligen Bundeskanzler Helmut Kohl ein umfassendes Hilfsprogramm für den zu bewältigenden Strukturwandel verhandelte. Nach dem Ende seiner Amtszeit wurde Johannes Rau 1999 zum Bundespräsidenten gewählt.

Bundesminister

Das Ruhrgebiet hat zwar noch keinen Bundeskanzler gestellt, aber mit den bisherigen Bundesministern der Region lässt sich ein vorzeigbares »Ruhrpottkabinett« bilden. Der bereits als Ministerpräsident erwähnte »Superminister« Wolfgang Clement bleibt bei dieser Aufzählung außen vor.

Otto Schily (SPD) kam 1932 in Bochum auf die Welt. Schily, ehemaliges Parteimitglied der Partei Die Grünen und profilierter Rechtsanwalt, übernahm 1998 das Bundesministerium des Inneren. In seine Amtszeit fielen die Terroranschläge vom 11. September 2001 und die Entwicklung der daraus folgenden Anti-Terror-Gesetze. Die Bekämpfung des Terrorismus blieb bis zum Ende seiner Amtszeit 2005 eines seiner Haupt-Tätigkeitsfelder.

Renate Künast (Bündnis 90/Die Grünen), 1955 in Recklinghausen geboren, war von 2001 bis 2005 Bundesministerin für Verbraucherschutz, Ernährung und Landwirtschaft. 2011 bewarb sie sich um das Amt der Regierenden Bürgermeisterin von Berlin, erreichte aber keine Mehrheit.

Werner Müller (parteilos), geboren 1946 in Essen, war von 1998 bis 2002 Bundesminister für Wirtschaft und Technologie. In dieser Zeit handelte er mit der Industrie den Ausstieg aus der Atomenergie, den sogenannten »Atomkonsens«, aus.

Bodo Hombach (SPD), geboren 1952 in Mülheim an der Ruhr, war von 1998 bis 1999 Bundesminister für besondere Aufgaben und Chef des Bundeskanzleramtes. Er war einer der Köpfe hinter dem Wahlsieg Gerhard Schröders 1998 und der damit verbundenen Ausrichtung der SPD auf die sogenannte »Neue Mitte«.

Hans Matthöfer (SPD), Forschungsminister, Bundesminister für Finanzen und Postminister. Gleich drei Bundesministerien bekleidete der 1925 in Bochum geborene Hans Matthöfer zwischen 1974 und 1982. In seiner Zeit als Finanzminister versuchte er, eine zeitgemäße Konjunkturpolitik zu entwickeln, die auch Rücksicht auf die Konsolidierung des Bundeshaushalts nimmt.

Alex Möller (SPD), geboren 1903 in Dortmund, verschlug es in jungen Jahren nach Karlsruhe, wo seine politische Laufbahn begann. 1969 wurde er Bundesminister der Finanzen, trat jedoch bereits 1971, aufgrund unterschiedlicher Vorstellungen bei der Planung des Bundeshaushalts, wieder von diesem Amt zurück.

Aenne Brauksiepe (CDU) schrieb als erste Ministerin des heutigen Bundesministeriums für Familie, Senioren, Frauen und Jugend 1968 Geschichte. Die Hauptanliegen der 1912 in Duisburg geborenen Aenne Brauksiepe sind heute noch genauso aktuell wie damals. Denn sie engagierte sich in ihrer knapp einjährigen Amtszeit als Ministerin für eine bessere Vereinbarkeit von Familie und Beruf und flexiblere Arbeitsmöglichkeiten für Frauen.

Franz Etzel (CDU), geboren 1902 in Wesel, wurde 1957 zum Bundesminister der Finanzen ernannt. Die größte Leistung seiner bis 1961 dauernden Amtszeit war die Durchsetzung einer in großen Teilen von ihm selbst entwickelten Steuerreform. Im Bereich der Einkommensbesteuerung blieben seine Regelungen bis 1990 in Kraft.

Franz Blücher (FDP), geboren 1896 in Essen, bekleidete von 1949 bis 1953 ein Ministerium, das zwischendurch umbenannt wurde. Er war zunächst Bundesminister für Angelegenheiten des Marshallplanes und anschließend Bundesminister für wirtschaftliche Zusammenarbeit.

Schuldenlast & Wirtschaftskraft

Das politische Handeln wird auch im Ruhrgebiet zum Großteil von den hohen Schuldenständen der Region bestimmt. Ob ein Schwimmbad offen bleibt, eine Schule renoviert oder eine Bücherei geschlossen wird, hängt von der aktuellen Kassenlage ab. Es gibt unterschiedliche Ansätze, die Schulden einer Stadt zu beziffern. Gern genommen wird die Pro-Kopf-Verschuldung je Einwohner. Dabei wird die öffentliche Schuldenlast auf die Einwohnerzahl der jeweiligen Stadt umgerechnet. Nach dieser Rechnung waren Ende 2013 Oberhausen, Hagen und Mülheim an der Ruhr die Ruhrgebietsstädte mit den höchsten Schuldenlasten. Die Städte mit der niedrigsten

Schuldenlast befanden sich mit Alpen, Dinslaken und Schermbeck allesamt im Kreis Wesel und wiesen teilweise deutlich unter 1000 Euro Schulden pro Einwohner auf. Bei den größeren Städten lagen Bottrop und Hamm mit unter 3000 Euro auf den hinteren, also besseren Plätzen. Diese vermeintlich negativen Zahlen relativieren sich aber, wenn man Folgendes weiß: Köln wies 2013 eine Verschuldung von etwa 4300 Euro pro Kopf auf, in Bonn lag diese bei circa 5100 Euro, und selbst das vermeintlich wohlhabende Münster kam auf rund 2500 Euro.

Stadt	Pro-Kopf-Verschuldung
Oberhausen	8686 €
Hagen	7762 €
Mülheim an der Ruhr	7247 €
Herten	6661 €
Duisburg	6532 €
Waltrop	6064 €
Essen	5771 €
Herne	5161 €
Gelsenkirchen	5049 €
Recklinghausen	4672 €

Um die Wirtschaftskraft des Ruhrgebiets zu verdeutlichen, reicht ein Blick auf das Bruttoinlandsprodukt (BIP). Das Ruhrgebiet erwirtschaftete 2012 ein BIP von etwa 151 Milliarden Euro, umgerechnet sind das rund 26 % des BIP Nordrhein-Westfalens und knapp 6 % der gesamten Bundesrepublik Deutschland. Umgerechnet auf die einzelnen Personen sind das 64 891 Euro BIP pro Erwerbstätigen. Anders gesagt, das Ruhrgebiet ist eine der wirtschaftlich bedeutsamsten Regionen in Deutschland, mit rund 2,3 Millionen Erwerbstätigen und etwa 160 000 steuerpflichtigen Unternehmen.

Kreise und kreisfreie Städte	BIP 2012	Anteil NRW
Essen	23 583 Mio. €	4,0 %
Dortmund	18 280 Mio. €	3,3 %
Duisburg	16 862 Mio. €	2,9 %
Kreis Recklinghausen	14 521 Mio. €	2,5 %
Kreis Wesel	11 547 Mio. €	2,0 %
Bochum	11 071 Mio. €	1,9 %
Kreis Unna	10 331 Mio. €	1,8 %
Ennepe-Ruhr-Kreis	8884 Mio. €	1,5 %
Gelsenkirchen	7618 Mio. €	1,3 %
Hagen	6094 Mio. €	1,0 %

So imposant die Zahlen auch erscheinen mögen, über allen wirtschaftlichen Tätigkeiten im Ruhrgebiet schwebt seit Jahren eine dunkle Wolke: der Strukturwandel. Wo in den fünfziger Jahren noch

über die Hälfte der Erwerbstätigen im produzieren-
den Gewerbe beschäftigt war, sind heute über 70 %
im Dienstleistungssektor tätig. Diese Umstellung
einer gesamten Region, von der Infrastruktur über
die ansässigen Firmen bis hin zu den Erwerbstätigen,
ist die größte Kraftanstrengung, die das Ruhrgebiet
bis heute zu bewältigen hat. Wo früher Hochöfen
qualmten und Zechentürme in den Himmel ragten,
wird heute Kreativität geschaffen, Hightech entwickelt oder an Hochschulen studiert. Entsprechend
kamen die umsatzstärksten Unternehmen im Ruhrgebiet 2013 nicht mehr aus der Montanindustrie,
sondern überwiegend aus anderen Branchen.

Unternehmen	Branche	Umsatz in Mio. €	Mitarbeiter in Tsd.
Aldi-Gruppe	Handel	56 836	250,0
BP Europa SE	Mineralöl	54 733	9,9
RWE AG	Energie	50 771	70,2
ThyssenKrupp AG	Rohstoffe	40 124	168,0
Hochtief AG	Baubranche	25 693	80,9

Unternehmer aus dem Ruhrgebiet

Ohne das einfallsreiche und geschäftstüchtige Unternehmertum des Ruhrgebiets würde Deutschland heute anders aussehen. Eine Reihe klangvoller Namen wie August Thyssen (1842–1926), Leopold Hoesch (1820–1899) oder Berthold Beitz (1913–2013) prägte das Revier nachhaltig. Ohne die Unternehmer des Ruhrgebiets hätte die Eisenbahn noch länger auf sich warten lassen, und der industrielle Aufstieg wäre entscheidend aufgehalten worden. Der Einzelhandel würde mit hoher Wahrscheinlichkeit nicht so sehr auf das Preisbewusstsein der Kunden achten, ganz zu schweigen davon, dass die Geschichte Deutschlands um wesentliche Industriegiganten ärmer wäre.

Eisenbahn & Industrialisierung: Friedrich Harkort

Der auf dem Gut Harkorten bei Hagen geborene Friedrich Harkort (1793–1880) gilt als »Vater des Ruhrgebiets«. Er hat mit seinen Ideen die industrielle Revolution in der Region vorangetrieben und gründete als Eisenbahnpionier die erste Eisenbahn-Aktiengesellschaft Deutschlands. Er erwies sich dabei als leidenschaftlicher Kämpfer gegen die Bürokratie. So gab er nicht eher Ruhe, bis nach langjährigen Auseinandersetzungen 1847 die Bahnlinie von Köln nach Minden ihren Betrieb aufnahm und das Transportwesen und damit die Industrie der gesamten Region revolutionierte. Bei all seinen Aktivitäten ging es ihm nie um seinen eigenen Vorteil, ganz im Gegenteil. Er half seiner Konkurrenz dabei, die von ihm entwickelten Ideen zu übernehmen, und erlitt dadurch manch finanziellen Rückschlag.

Schwerindustrie: Alfred Krupp

Als sein Vater und Gründer einer Fabrik zur Herstellung von Gussstahl, Friedrich Krupp, 1826 starb, war Alfred Krupp (1812–1887) gerade vierzehn Jahre alt. Zusammen mit seiner Mutter Therese Krupp führte er das Unternehmen seines Vaters fort und nutzte Mitte des neunzehnten Jahrhunderts das Aufkommen der Eisenbahnen zu neuem Wachstum. Alfred Krupp entwickelte nahtlose und bruchsichere Eisenbahnradreifen, die ihm auch als Idee für das Unternehmenslogo dienten, das seitdem aus drei aufeinandergelegten Radreifen besteht. Er installierte 1836 eine unternehmenseigene Betriebskrankenkasse und kümmerte sich auch darüber hinaus um seine Belegschaft, indem er Werkswohnungen und ein Krankenhaus baute. Nach Alfred Krupps Tod übernahm sein einziger Sohn Friedrich Alfred Krupp das Unternehmen und knüpfte an den Aufstieg seines

Vaters an. Heute gehört das Unternehmen Krupp zur 1999 entstandenen ThyssenKrupp AG.

Lebensmittel: Carl Brandt

Als Carl Brandt (1886–1965) 1912 die Märkische Zwieback- und Keksfabrik in Hagen-Haspe gründete, ahnte er wohl nicht, dass seine Produkte über 100 Jahre später zu den bekanntesten Markenartikeln Deutschlands gehören sollten: »Brandt«-Zwiebäcke. Sein Unternehmensziel, Zwieback in gleichbleibender Qualität für jedermann erschwinglich auf den Markt zu bringen, hat Carl Brandt damit mehr als erfüllt. Bereits 1929 kam die erste Packung mit den bis heute berühmten Abbildungen der »Brandt-Kinder« auf den Markt. Wer die Unternehmensgeschichte ausführlich erleben möchte, hat seit 2007 in der Dauerausstellung »Brandts kleine Zwiebackwelt« in Hagen-Haspe auf über 200 Quadratmetern die Gelegenheit dazu.

Einzelhandel: Karl und Theo Albrecht

Das Brüderpaar aus Essen hat nicht nur den deutschen Einzelhandel revolutioniert, sondern auch durch das öffentlichkeitsscheue Leben, über das hier und da immer wieder Geschichten mit unbestätigtem Wahrheitsgehalt überliefert wurden, beeindruckt. Karl (1920–2014) und Theo (1922–2010) Albrecht waren mit ihrem auf Sparsamkeit ausgelegten Geschäftsmodell ständig auf den Listen der reichsten Deutschen vertreten. Aus dem in Essen ansässigen Einzelhandelsgeschäft ihrer Eltern schufen sie nach dem Zweiten Weltkrieg einen der größten deutschen Handelskonzerne. Die Namenswahl war dabei so einprägsam wie einfach. Aus Albrecht Discount wurde schlicht und einfach Aldi. Mittlerweile ist Aldi nicht nur in Deutschland vertreten, sondern überzeugt auch das Ausland vom Discounter-Ansatz. Selbst in Amerika ist das Unternehmen mit der Warenhauskette »Trader Joe's« am Markt aktiv.

Bekleidung: Heinrich Deichmann

Schuhe von Deichmann gehören heute zu den bekanntesten Markenartikeln Deutschlands. Doch als Heinrich Deichmann (1888–1940) 1913 seinen Schuhmacherladen in Essen-Borbeck eröffnete, war von europäischer Marktführerschaft noch keine Rede. Nach dem Zweiten Weltkrieg hielt sich die Familie Deichmann mit viel Improvisationstalent, z. B. durch die Einrichtung einer Tauschbörse für gebrauchte Schuhe, über Wasser. Bis heute ist das Unternehmensziel der Firma Deichmann eine Grundversorgung der Bevölkerung mit preiswertem, aber dennoch gutem Schuhwerk. Als der Sohn von Heinrich Deichmann, Heinz-Horst, 1956 seine Tätigkeit als Arzt aufgab und ganztägig in die Firma einstieg, begann der Aufstieg, durch den Deichmann heute in 24 Ländern mit über 3500 Filialen vertreten ist.

Das Ruhrgebiet ist Weltmarktführer

Neben den deutschlandweit bekannten Marken-namen wie Deichmann, Aldi oder Brandt gibt es im Ruhrgebiet eine Reihe von Unternehmen, die still und heimlich weltweite Spitzenpositionen erklom-men haben. Hier eine Auswahl an Unternehmen, deren Produkte weit über das Ruhrgebiet hinaus für Furore sorgen.

ABUS

Wohl jeder hat in seinem Leben schon mal ein Schloss oder einen Schlüssel von ABUS in der Hand gehal-ten. Aber dass die in Wetter ansässige Firma über 20 Niederlassungen in Europa, den USA und China betreibt und insgesamt rund 3000 Beschäftigte zählt, wird dabei wohl nicht jedem bewusst gewesen sein. Die Firma ist heute im Bereich der Vorhang- und Zweiradschlösser weltweit führend. ABUS steht dabei für August Bremicker und Söhne. Ebenjener August Bremicker (1860–1938) gründete das Unternehmen 1924 in Wetter-Volmarstein.

Dula

Die Wahrscheinlichkeit, schon mal in einem von Dula-Mitarbeitern erdachten und umgesetzten Raumkonzept gestanden zu haben, erhöht sich von Tag zu Tag. Nicht nur beliefert das 1953 von Heinrich Dustmann (1924–2011) in Dortmund gegründete Unternehmen weltweit Kauf- und Warenhäuser mit ganzheitlichen Ladengestaltungen, sondern kümmert sich mittlerweile auch um die Inneneinrichtung von Kreuzfahrtschiffen. Mit über 1000 Mitarbeitern in Ländern wie Spanien, England oder Russland sind die Dula-Werke eines der weltweit führenden Unternehmen auf ihrem Gebiet.

Brabus

Brabus aus Bottrop ist einer der weltweit renommiertesten Automobiltuner. Wo, wenn nicht in der Autoregion Ruhrpott, soll ein Betrieb dieser Art auch sonst seinen Sitz haben? In Bottrop werden die Autos der aus aller Welt kommenden Kundschaft je nach Wunsch schöner, schneller, individueller oder auch sicherer gemacht. Ganz nebenbei hat das 1977 gegründete Unternehmen mit seinen Tuning-Leistungen immer wieder neue Rekorde aufgestellt und es damit mehrfach ins Guinness-Buch der Rekorde geschafft.

Jahn Kath

Wenn ein Unternehmen über Showrooms in New York, Vancouver und Berlin verfügt, wo kann dann nur dessen Hauptsitz sein? Mitten im Ruhrpott natürlich. Der Bochumer Unternehmer Jan Kath ist einer der international meistgefragten Designer von handgeknüpften Teppichen. Seine Kreationen sorgen nicht nur weltweit für Begeisterung, sondern sind mehrfach ausgezeichnet, unter anderem mit dem Red Dot Design Award. In welcher Liga sich der 1972 geborene Jan Kath bewegt, zeigt die Tatsache, dass Fürst Albert II. und Charlène Wittstock bei ihrer Hochzeit in Monaco 2011 über einen von ihm entworfenen, über 100 Meter langen roten Teppich gingen.

WDL Luftschiff

Wer nach mit Werbung verzierten großen Prall-Luftschiffen sucht, wird weltweit nur in Mülheim an der Ruhr fündig. Prall-Luftschiff klingt nicht sonderlich spektakulär, doch wenn man den im Volksmund gebräuchlicheren Begriff Zeppelin benutzt, sieht die Sache schon anders aus. Auch wenn es zwischen Prall-Luftschiffen und Zeppelinen Unterschiede gibt, sehen beide Fluggeräte für ungeübte Betrachter recht ähnlich aus. Die WDL Luftschiffgesellschaft mbH betreibt Luftschiffe, die nicht nur als Werbefläche dienen, sondern auch bis zu sechs Personen Platz für Rundflüge bieten. Pionier des Unternehmens ist Theodor Wüllenkemper (1925–2012), der die WDL-Gruppe 1955 gründete und die Ideen für die Werbung in luftiger Höhe entwickelte.

Studieren im Ruhrgebiet

Wo früher die Schlote rauchten, qualmen heute die Köpfe. Wenn man die Studierendenzahlen als Maßstab nimmt, braucht man sich um den Nachwuchs im Ruhrgebiet keine Sorgen zu machen. Mit über 250 000 Studierenden im Wintersemester 2013/2014 verfügt das Ruhrgebiet über eine der dichtesten Hochschullandschaften Europas. In den letzten rund 50 Jahren sind 21 Hochschulen entstanden, die rund 600 verschiedene Studiengänge anbieten. Das Spektrum reicht von der einzigen staatlichen FernUniversität Deutschlands in Hagen über die erste Privatuniversität Deutschlands in Witten-Herdecke bis zur deutschlandweit ersten Hochschule für Gesundheit in Bochum. Wer ein Studium im Ruhrgebiet anstrebt, hat also nicht nur bei den Fächern, sondern auch bei den Hochschulen und den damit verbundenen Standorten die Qual der Wahl.

Die beliebtesten Studienfächer im Ruhrgebiet

Studienfach	WS 2013/2014
Rechts-, Wirtschafts- und Sozialwissenschaften	37,2 %
Sprach- und Kulturwissenschaften	22,0 %
Mathematik, Naturwissenschaften	19,0 %
Ingenieurwissenschaften	16,8 %

Die Universitäten des Ruhrgebiets

Universität	Studierende WS 2013/2014
FernUniversität in Hagen	75 806
Ruhr-Universität Bochum	41 160
Universität Duisburg-Essen	38 862
Technische Universität Dortmund	30 997
Universität Witten/Herdecke	1693

Die privaten und öffentlichen Hochschulen des Ruhrgebiets

Hochschule	Studierende WS 2013/2014
Hochschule für Oekonomie & Management, berufsbegleitend (Essen)	26 578
Fachhochschule Dortmund	12 252
Westfälische Hochschule (Gelsenkirchen, Recklinghausen)	9071

Hochschule	Studierende WS 2013/2014
Fachhochschule für öffentliche Verwaltung NRW (Dortmund, Duisburg, Gelsenkirchen, Hagen)	7313
Hochschule Bochum	6568
Hochschule Rhein-Waal (Kamp-Lintfort)	4024
Hochschule Ruhr-West (Mülheim a. d. Ruhr)	2589
Technische Fachhochschule Georg Agricola (Bochum)	2364
Hochschule Hamm-Lippstadt	2336
International School of Management (Dortmund)	2273
Evangelische Fachhochschule Rheinland-Westfalen-Lippe (Bochum)	2200
Folkwang-Hochschule (Essen)	1453
EBZ Business School (Bochum)	775
Hochschule für Gesundheit (Bochum)	666
SRH Hochschule für Logistik und Wirtschaft (Hamm)	561
Hochschule der bildenden Künste (Essen)	26

Studieren ist nicht nur eine Frage des Könnens, sondern auch der Machbarkeit. Die Hochschulen in Nordrhein-Westfalen erreichten zum Wintersemester 2013/2014 mit über 110 000 neu eingeschriebenen Studierenden einen neuen Höchstwert. Wenn es darum geht, einen Studienplatz im jeweiligen Wunschfach zu bekommen, wird es aufgrund der steigenden Konkurrenzsituation schon schwer. Richtig schwierig wird es, wenn der Faktor Finanzierbarkeit hinzukommt. Denn trotz staatlicher oder familiärer Unterstützung ist die Finanzierung des Lebensunterhalts während des Studiums für viele Studierende eine besondere Herausforderung. Wo rangiert das Ruhrgebiet in Sachen Lebenshaltungskosten für Studierende? Im Bundesvergleich sind die Städte im Osten Deutschlands nahezu ungeschlagen. In Zwickau, Erfurt oder Weimar liegen die Lebenshaltungskosten bei rund 670 Euro pro Monat. Teuer wird es hingegen Richtung Süden. In Ludwigsburg, Friedrichshafen oder Neu-Ulm müssen Studierende teilweise deutlich über 1000 Euro pro Monat für den eigenen Lebensunterhalt aufbringen. Das Ruhrgebiet rangiert in dieser Aufzahlung mit Werten zwischen 800 und 900 Euro pro Monat in der Mitte. Zur Veranschaulichung hier die Lebenshaltungskosten pro Monat des größten Hochschulstandorts des Ruhrgebiets: Bochum.

Miete inklusive Nebenkosten	258,53 €
Nahrungsmittel	164,42 €
Kleidung, Wäsche, Körperpflege	58,19 €
Laufende Kfz-Kosten	129,35 €
Öffentliche Verkehrsmittel	29,04 €
Krankenversicherung, Arztkosten, Medizin	78,04 €
Telekommunikation, Internet, GEZ	50,43 €
Lernmittel	37,87 €
Gesamtkosten (nur Auto)	776,83 €
Gesamtkosten (nur ÖPNV)	676,52 €
Gesamtkosten (Auto und ÖPNV)	805,87 €

Der Arbeitsmarkt im Ruhrgebiet

Ist das Studium oder die Berufsausbildung geschafft, gilt es für alle, die der Region treu bleiben
wollen, sich auf dem Arbeitsmarkt des Ruhrgebiets
zu beweisen. Die Zahl der sozialversicherungspflichtig Beschäftigten lag 2013 bei rund 1,6 Millionen Menschen. Viele davon leben jedoch nicht dort,
wo sie arbeiten. Den Spitzenwert markiert hier die
Stadt Holzwickede mit einer Einpendlerquote von
82,4 %. Damit ist Holzwickede in gesamt Nordrhein-Westfalen die Stadt mit der höchsten Quote

an von auswärts kommenden Arbeitnehmern. Bei größeren Ruhrgebietsstädten wie Dortmund oder Essen liegt diese Quote bei rund 45 %. So pendeln etwa 130 000 Menschen aus anderen Städten zur Arbeit nach Dortmund, während etwa 87 000 Dortmunder außerhalb ihrer Heimatstadt arbeiten. Was die Zahl der Arbeitslosen angeht, lag diese bei rund 281 000 Menschen, was zum Jahresanfang 2015 einer Arbeitslosenquote von 10,9 % entsprach. Damit war die Arbeitslosenquote im Ruhrgebiet höher als in ganz Nordrhein-Westfalen (8,3 %) und in der Bundesrepublik Deutschland (7 %). Die Branche mit den meisten sozialversicherungspflichtig Beschäftigten im Ruhrgebiet war 2013 das Gesundheitswesen, gefolgt vom Einzelhandel.

Die beschäftigungsreichsten Branchen

Branche	Beschäftigte
Gesundheitswesen	138 857
Einzelhandel (ohne Handel mit Kfz)	130 853
Öffentliche Verwaltung, Verteidigung, Sozialversicherung	88 818
Großhandel (ohne Handel mit Kfz)	77 076
Vorbereitende Baustellenarbeiten, Bauinstallation, sonstiges Ausbaugewerbe	66 673
Erziehung und Unterricht	63 552

Branche	Beschäftigte
Heime (ohne Erholungs- und Ferienheime)	53 509
Maschinenbau	53 486
Metallerzeugung und -bearbeitung	48 507
Sozialwesen (ohne Heime)	47 584

Die höchsten Arbeitslosenquoten

Stadt	Arbeitslosenquote Jan. 2015
Gelsenkirchen	13,9 %
Herne	13,4 %
Duisburg	13,3 %
Dortmund	12,8 %
Essen	12,5 %

Die niedrigsten Arbeitslosenquoten

Stadt	Arbeitslosenquote Jan. 2015
Ennepe-Ruhr-Kreis	7,3 %
Kreis Wesel	7,8 %
Mülheim an der Ruhr	8,0 %
Bottrop	8,4 %
Kreis Unna	9,3 %

Einkommensverhältnisse im Ruhrgebiet

Wie arm oder reich ist der Durchschnitts-Ruhri? Eine
Antwort auf die Frage gibt ein Blick auf das verfügbare
Jahreseinkommen je Einwohner. Das lag im Ruhr-
gebiet 2012 bei rund 18 800 Euro. Damit steht den
Menschen im Ruhrgebiet im Durchschnitt weniger
Geld zur Verfügung als in Nordrhein-Westfalen. Dort
lag der Wert bei rund 20 400 Euro. In der gesamten
Bundesrepublik lag das verfügbare Einkommen pro
Haushalt bei rund 20 500 Euro.

Wer die aktuellsten Zahlen der Einkommensmillionäre 2010 mit den Personen, die Grundsicherung
beziehen oder 2013 Privatinsolvenz anmelden muss-
ten, vergleicht, wird erkennen, dass auch im Ruhrgebiet ein kleiner Teil der Bevölkerung den größten
Teil der Einkommen erhält. Bei den hier aufgelisteten
Einkommensmillionären handelt es sich um Personen mit einem steuerpflichtigen Gesamtbetrag der
Einkünfte in Höhe von über einer Million Euro im
Jahr.

Einkommensmillionäre

Stadt	Einkommens-millionäre	je 10 000 Einwohner
Essen	121	2,1
Dortmund	86	1,5

Stadt	Einkommens-millionäre	je 10 000 Einwohner
Bochum	44	1,2
Mülheim an der Ruhr	40	2,4
Hagen	29	1,5
Witten	26	2,6
Gelsenkirchen	23	0,9
Hamm	19	1,0
Moers	18	1,7
Herdecke	18	7,4

Grundsicherung und Verbraucherinsolvenzen

Kreise und kreisfreie Städte	Grundsicherung	Verbraucher-insolvenzen
Dortmund	10644	835
Essen	8655	1117
Kreis Recklinghausen	7581	580
Duisburg	7015	798
Bochum	4811	572
Kreis Unna	4293	507
Kreis Wesel	4229	536
Gelsenkirchen	4168	778
Ennepe-Ruhr-Kreis	3538	434
Hagen	3121	318

Mieten, Kaufen, Pott

Das Ruhrgebiet an sich zählt nicht gerade zu den Sehnsuchtsorten in Deutschland. Selten hört man Menschen Sätze wie »Wenn ich im Lotto gewinne, kaufe ich mir ein Haus in Bottrop« sagen. Genauso selten sind Fußballspieler zu sehen, die in Gelsenkirchen einen Millionenvertrag unterschreiben und danach ein Haus am Rhein-Herne Kanal der Düsseldorfer Kö vorziehen. Wenn das Ruhrgebiet also schon nicht mit Sylt, Köln, Berlin oder Hamburg mithalten kann, was macht den Wohnungsmarkt dann aus? Wer das Ruhrgebiet näher betrachtet, wird bald merken, dass hier im Prinzip für jeden Geschmack und jede Preislage etwas dabei ist, ob zu erschwinglichen Preisen in hippen Vierteln wie dem Dortmunder Kreuzviertel, in Bochum-Ehrenfeld oder Essen-Rüttenscheid, in ländlicheren Gefilden wie Hamm oder Haltern am See, oder luxuriös wie im Duisburger Innenhafen, rund um den Phoenix-See in Dortmund oder in Essen-Bredeney. Wer im Ruhrpott wohnt, tut dies meist gerne, nur hat es das Ruhrgebiet vor allem durch seine Vergangenheit als Kohlenpott schwer, Ortsfremde von sich zu überzeugen. Deshalb gibt es im Ruhrgebiet auch keine Wohnungsnot im klassischen Sinne, also mehr Nachfrage als Angebot, sondern eher eine Not an der Erfüllung von Vorstellungen. Wie manche Prestigeprojekte zeigen, sind viele Menschen durchaus bereit, einen höheren Preis für die Miete oder den Kauf eines Objektes zu zahlen, wenn dieses ihren Vorstellungen entspricht. Kleine Wohnungen mit engen Bädern innen und Arbeitercharme außen sind in der heutigen Zeit hingegen nur noch schwer zu vermitteln. Bis sich der Strukturwandel auf dem Wohnungsmarkt – weg von den alten Wohnblöcken, hin zu individuelleren Lösungen – vollends durchgesetzt hat, wird es wohl noch einige Jahre dauern. Bis dahin können sich die Menschen, die sich in ihren Wohnungen oder Häusern im Ruhrgebiet pudelwohl fühlen, tagtäglich darüber freuen, dass sie hier zu deutlich günstigeren Konditionen leben als der Arbeitskollege aus Düsseldorf oder die Verwandten in Köln oder Münster. Von den 14 größten deutschen Städten weisen Essen und Dortmund mit 6,50 Euro und 5,90 Euro pro Quadratmeter im Jahr 2014 im Durchschnitt die niedrigsten Nettokaltmieten auf und müssen sich in diesem Punkt nur von Leipzig mit 5,70 Euro pro Quadratmeter geschlagen geben. Spitzenreiter in diesem Ranking ist München mit 15,10 Euro pro Quadratmeter, die teuersten Großstädte in der Nähe zum Ruhrgebiet sind Köln und Düsseldorf mit jeweils 9,90 Euro pro Quadratmeter. Der Bundesdurchschnitt im Bereich der Nettokaltmieten liegt mit 6,90 Euro pro Quadratmeter ebenfalls über dem des Ruhrgebiets.

Wer nicht zur Miete wohnen, sondern in seinen eigenen vier Wänden leben möchte, der steht häufig vor der Entscheidung Eigentumswohnung oder Haus. Bei den Eigentumswohnungen haben die großen Ruhrgebietsstädte, trotz des allgegenwärtigen Immobilienbooms, deutlich im Preis eingebüßt. In den letzten zehn Jahren sind die durchschnittlichen Quadratmeterpreise für den Kauf einer Eigentumswohnung in Essen um rund 26 % abgesackt und betragen heute 1000 Euro pro Quadratmeter. In Dortmund sieht es nach einem Rückgang von rund 24 % in den letzten zehn Jahren und durchschnittlichen Quadratmeterpreisen von rund 1100 Euro nicht viel anders aus. Im Vergleich dazu stieg der Quadratmeterpreis im nahe gelegenen Düsseldorf im gleichen Zeitraum um etwa 20 % und liegt heute bei knapp 2500 Euro.

Der Erwerb von Bauland im Ruhrgebiet ist alles andere als günstig. Hier liegt die Region teils deutlich über dem Durchschnitt Nordrhein-Westfalens, der 112,95 Euro Kaufwert je Quadratmeter Bauland beträgt. Ins Auge fällt, dass in den größeren Städten die Preise deutlich höher sind als in den ländlicheren Regionen des Ruhrgebiets. Die Ursache dafür ist in vielen Fällen ein Mangel an neuem Bauland. Diese Verengung des Angebots dürfte die Preise in manchen Städten schlagartig ansteigen lassen. So sind allein in Duisburg die Quadratmeterpreise für Bauland vom Jahr 2012 zum Jahr 2013 um über 60 % gestiegen, bei gleichzeitiger Abnahme der veräußerten Fläche um 70 %.

Das teuerste Bauland im Jahr 2013

Lage	Quadratmeterpreis	Verkaufte Fläche
Oberhausen	283,47 €	3243 m²
Dortmund	261,68 €	95 774 m²
Essen	257,67 €	83 157 m²
Mülheim an der Ruhr	246,37 €	31 315 m²
Duisburg	209,48 €	8432 m²

Das günstigste Bauland im Jahr 2013

Lage	Quadratmeterpreis	Verkaufte Fläche
Herne	53,73 €	171 790 m²
Ennepe-Ruhr-Kreis	91 €	116 109 m²
Kreis Unna	104,99 €	125 895 m²
Kreis Wesel	106,71 €	148 101 m²
Hamm	119,88 €	34 768 m²

Glück auf, der Steiger kommt

Das Ruhrgebiet galt in der ersten Hälfte des zwanzigsten Jahrhunderts als größte Montanregion Europas. Kohle und Stahl waren die Wachstumsmotoren, die dem Kohlenpott seinen Namen gaben. Der Abbau der Bodenschätze sorgte für einen Boom der Region und zog neben vielen Erwerbssuchenden aus dem In- und Ausland weitere verwandte Industriezweige wie Chemie und Energie an. Zu den Hochzeiten waren allein im Bergbau knapp eine halbe Million Menschen beschäftigt, die noch in den fünfziger Jahren in 141 Zechen rund 125 Millionen Tonnen Steinkohle pro Jahr zutage förderten. 2013 waren keine 15 000 Menschen mehr im Bergbau tätig, und das Ende des Ruhrbergbaus ist für 2018 vereinbart. Das heißt, in rund 60 Jahren fielen allein im Bergbau über 480 000 Jobs weg. Bei der Stahlindustrie sieht es ähnlich aus. Hier gingen seit den fünfziger Jahren rund 250 000 Jobs verloren. Rechnet man diese Zahlen auf die anderen mit der Montanindustrie verbundenen Wirtschaftszweige hoch, wird deutlich, welche wirtschaftlichen und strukturellen Umwälzungen das Ruhrgebiet zu schultern hat. Diese Veränderungen gehen auch an den Menschen nicht spurlos vorbei.

Kleines Bergbau-ABC

Wer sich auf die Spuren des Bergbaus begibt, wird bald auf Begrifflichkeiten stoßen, die sich nicht auf den ersten Blick erschließen. Das liegt jedoch nicht an mangelnden Deutschkenntnissen, sondern am Bergbauvokabular. Der vielzitierte Klassiker sind die Wetter. Damit ist nicht die allgemeine Wetterlage an unterschiedlichen Bergbaustandorten gemeint, sondern das in einer Grube vorhandene Gasgemisch. Aber auch für ein Bergwerk selbst gibt es die unterschiedlichsten Bezeichnungen, von Zeche über Grube bis zu Schachtanlage und Pütt. Viele Begriffe der Bergmannssprache haben es sogar in den Duden geschafft.

Bergmannssprache	Bedeutung
Abteufen	Einen Schacht senkrecht nach unten bauen
Doppelbock	Zweistrebiges Fördergerüst
Einfahren	Eine Grube, einen Schacht befahren
Feierschicht	Ausgefallene Schicht
Gezähe	Arbeitsgerät/Werkzeug
Halde	Künstliche Aufschüttung
Kokerei	Betrieb, in dem Steinkohle zu Koks verarbeitet wird

Bergmannssprache	Bedeutung
Lutte	Röhre zur Lenkung des Wetterstroms
Maloche	Harte körperliche Arbeit
Nest	Kleines, unregelmäßig geformtes Mineralvorkommen
Ort	Der Punkt in der Grube, wo abgebaut wird
Pinge	Durch Einsturz alter Grubenbaue entstandene trichterförmige Vertiefung an der Erdoberfläche
Puckeln	Gegenseitiges Rückenwaschen
Querschlag	Waagerechter Gang, der quer zu den Gebirgsschichten verläuft
Revier	Größeres Gebiet, in dem Bergbau betrieben wird
Schlägel	Schwerer, auf beiden Seiten flacher Hammer
Teufe	Tiefe
Überschicht	Zusätzliche Schicht
Versatz	Auffüllung von Hohlräumen unter Tage
Waschkaue	Wasch- und Umkleideraum der Bergleute
Zimmerling	Zimmermann

Ruhrrevier: Berühmte Zechen

Mit dem passenden Vokabular ausgestattet, kann es nun unter Tage gehen. Da die Bergbaugeschichte des Ruhrgebiets mehrere Epochen und technische Entwicklungsphasen durchlebt hat, ist es schwierig, ein vergleichbares Ranking der größten oder bekanntesten Zechen zu erstellen. Deshalb folgen nun eine der ältesten Zechen, eine der tiefsten, eine gescheiterte und, nicht zu vergessen, die schönste und die letzte Zeche.

Die Alte: Zeche Alte Haase

Die Zeche Alte Haase in Sprockhövel war eine der ältesten und größten Zechen des Ruhrgebiets. Ihr Name hat tatsächlich mit einem gewissen Langohr zu tun. Denn Haase ist nichts anderes als eine alte Schreibweise des Tieres. Die Zeche Alte Haase war vom siebzehnten Jahrhundert bis in die sechziger Jahre des zwanzigsten Jahrhunderts in Betrieb. Die höchste erreichte Fördermenge wurde 1930 von 1290 Beschäftigten erbracht und lag bei rund 385 000 Tonnen. Die gesamte Abbaufläche lag zwischenzeitlich bei etwa 47 Quadratkilometer, das entspricht rund 6500 Fußballfeldern. Damit war die Zeche Alte Haase zeitweise eines der größten Bergwerke Deutschlands.

Die Gescheiterte: Zeche Maximilian

Welche Probleme das Abteufen eines Stollens mit sich bringen kann, zeigt die Geschichte der Zeche Maximilian in Hamm. Hier führten selbst drei über einen Zeitraum von rund 40 Jahren verteilte Versuche, das Bergwerk »ans Laufen zu bekommen«, nur zu mäßigem Erfolg. Die Förderung in der Anfang des zwanzigsten Jahrhunderts gegründeten Zeche wurde bereits 1914 aufgrund eines Wassereinbruchs zunächst beendet. Der zweite Versuch scheiterte 1921 an der Finanzierung. Nach dem dritten erfolglosen Anlauf während des Zweiten Weltkriegs war die Geschichte der Zeche so gut wie beendet. Erst 1984 erweckte die Stadt Hamm das brachliegende Gelände durch die Landesgartenschau zu neuem Leben. Unter Einbindung der unter Denkmalschutz stehenden Bauten der stillgelegten Zeche entstand hier der Maximilianpark.

Die Letzte: Zeche Prosper-Haniel

Die Zeche Prosper-Haniel in Bottrop wird als die letzte aktive Zeche des Ruhrgebiets in die Geschichte eingehen. 2018 wird das 1974 entstandene Bergwerk endgültig stillgelegt. 2013 arbeiteten hier über 4000 Beschäftigte, die auf dem 165 Quadratkilometer großen Grubenfeld rund drei Millionen

Tonnen Kohle zutage förderten. Allein das unter-
tägige Streckennetz beträgt 141 Kilometer, aneinandergereiht entspricht dies etwa einer Autobahn-
fahrt von Bottrop bis Osnabrück. Die Halde des
Bergwerks ist zum Großteil begrünt und aufgrund
verschiedener Attraktionen wie der aus über 100 Ei-
senbahnschwellen geschaffenen Installation »To-
tems« des Künstlers Agustín Ibarrola oder einem
800 Besucher Platz bietenden Amphitheater ein
beliebter Anlaufpunkt für Wanderer und Radfahrer.
Besonders am Karfreitag strömen jedes Jahr Tausende Gläubige auf die Halde Haniel, um den dort
angelegten Kreuzweg zu laufen. Selbst das Ober-
haupt der katholischen Kirche hat dem Areal bereits
einen Besuch abgestattet. Auf dem oberen Teil der
Halde erinnert ein Kreuz an den Besuch von Papst
Johannes Paul II. 1987.

Die Tiefste: Zeche Nachtigall

Die Zeche Nachtigall in Witten ist, neben der Zeche
Alte Haase, ein gutes Beispiel dafür, wie beliebt eine
Zeitlang die Benennung von Zechen nach Tier-
namen war. So gab es Zechen, die nach dem Frosch,
dem Raben oder dem Walfisch benannt waren. Die
Zeche Nachtigall gehörte mit dem Schacht Hercules
aus dem Jahr 1839 zu einer der ersten Tiefbauzechen
der Region. Der Schacht erreichte eine Tiefe von

rund 450 Metern. Die Betriebsdauer der ursprünglichen Zeche Nachtigall war nicht besonders lang. Bereits zum Ende des neunzehnten Jahrhunderts wurde die Zeche stillgelegt. Dafür erlebt sie heute als Standort des LWL-Industriemuseums in Witten ihre Renaissance. Eine Ausstellung widmet sich dem Tiefbauschacht Hercules, und auch eine der ältesten Fördermaschinen des Ruhrreviers aus dem Jahr 1887 kann hier in Funktion besichtigt werden. Darüber hinaus befindet sich auf dem Gelände ein 35 Meter langes Segelschiff, das die frühere Kohleschifffahrt auf der Ruhr wieder zum Leben erweckt.

Die Schönste: Zeche Zollverein

Die Zeche Zollverein mit ihrem prägnanten Doppelbock-Fördergerüst galt als die schönste Zeche der Welt. Ohne Frage ist sie bis heute die bekannteste Zeche des Ruhrgebiets. Die Kohleförderung auf Zollverein begann 1851. Rund 80 Jahre später war sie mit einer Fördermenge von rund 12000 Tonnen pro Tag die leistungsstärkste Zeche im gesamten Ruhrgebiet. 1961 wurde die Kokerei in Betrieb genommen und veredelte täglich in über 300 Öfen rund 10000 Tonnen Kohle zu etwa 8600 Tonnen Koks. Etwa 25 Jahre später waren diese Spitzenleistungen nur noch eine ruhmreiche Erinnerung, denn nachdem 1986 die letzte Schicht auf Zollverein gefahren wurde, kam es 1993 auch zur Stilllegung der Kokerei Zollverein. Zu diesem Zeitpunkt lagen die Pläne für eine kulturelle Nachnutzung längst in der Schublade und gipfelten 2001 in der Ernennung des »Industriekomplexes Zeche Zollverein« zum UNESCO-Welterbe.

Das Steigerlied

Wie sehr die Region bis heute mit der Montanindustrie verwurzelt ist, zeigt sich, sobald irgendwo das Steigerlied erklingt, ob bei Wahlkampfveranstaltungen, als Einlauflied in Fußballstadien, bei Ehemaligentreffen von Bergleuten oder auf einer privaten Feier. Hier verspüren selbst ungeübte Sänger den Drang, sich zu mehr oder weniger tränenerstickten gesanglichen Höchstleistungen aufzuschwingen. Der besungene Steiger ist Verantwortlicher und Aufsichtsperson für einen bestimmten Teilabschnitt eines Bergwerks und die dort tätigen Arbeiter. Im Lied geht es darum, dass der Steiger kommt und seine Mannschaft voran in den Stollen führt – verbunden mit der Hoffnung, mit allen nach getaner Arbeit wieder gesund ans Tageslicht zurückzukehren. Für alle, die sich selbst als Sängerinnen und Sänger versuchen möchten, hier die ersten sechs Strophen des Steigerlieds in der überlieferten Urform. Der Legende nach liegen die Ursprünge des Liedes im Sachsen des sechzehnten Jahrhunderts. Die Urheber sind nicht bekannt.

Glück auf, Glück auf! Der Steiger kommt,
und er hat sein helles Licht bei der Nacht,
und er hat sein helles Licht bei der Nacht,
schon angezündt', schon angezündt'.

Schon angezündt'! Das gibt ein'n Schein,
und damit so fahren wir bei der Nacht,
und damit so fahren wir bei der Nacht,
ins Bergwerk ein, ins Bergwerk ein.

Ins Bergwerk ein, wo die Bergleut' sein,
die da graben das Silber und das Gold bei der Nacht,
die da graben das Silber und das Gold bei der Nacht,
aus Felsgestein, aus Felsgestein.

Der eine gräbt das Silber, der andere gräbt das
Gold.
Und dem schwarzbraunen Mägdelein bei der Nacht,
und dem schwarzbraunen Mägdelein bei der Nacht,
dem sein wir hold, dem sein wir hold.

Ade, nun ade! Lieb' Schätzelein!
Und da drunten in dem tiefen, finstren Schacht bei
der Nacht,
und da drunten in dem tiefen, finstren Schacht bei
der Nacht,
da denk ich dein, da denk ich dein.

Und kehr ich heim, zum Schätzelein,
dann erschallet des Bergmanns Gruß bei der Nacht,
dann erschallet des Bergmanns Gruß bei der Nacht,
Glück auf, Glück auf! Glück auf, Glück auf!

Stahlindustrie

Der historische Ablauf beim Niedergang der Stahlindustrie ist im Prinzip der gleiche wie beim Niedergang des Bergbaus. Nachdem die Nachfrage nach
Stahl im Zeitalter der Industrialisierung immer
weiter zunahm, verstanden es Industriebarone wie
Friedrich Krupp und Alfred Thyssen, die Eisenerz-
vorkommnisse des Ruhrgebiets in gewinnbringende
Erzeugnisse umzuwandeln. Der Stahlboom sorgte,
beginnend mit dem Ende des neunzehnten Jahrhunderts bis zur Weltwirtschaftskrise 1973, für Hunderttausende Arbeitsplätze im Ruhrgebiet. Nach und
nach konnten immer mehr Länder selbst und vor
allem günstig Stahl produzieren, so dass die Stahl-
hersteller im Ruhrgebiet immer häufiger fusionier-
ten, um auf dem Weltmarkt mithalten zu können. So
übernahm die Friedrich Krupp AG erst die Hoesch
AG, bevor dieser neue Verbund 1997 mit der Thyssen
Stahl AG zur heutigen ThyssenKrupp AG wurde.
Doch im Gegensatz zum Bergbau, bei dem das Ende
für 2018 beschlossene Sache ist, wird in der Stahl-
branche weiterhin kräftig investiert. Der größte Pro-

fiteur dieser Investitionen ist die Stadt Duisburg. In Duisburg-Schwelgern wird mit dem sogenannten »Schwarzen Riesen« der größte Hochofen Europas modernisiert. Darüber hinaus investieren die drei großen Stahlunternehmen ThyssenKrupp, Arcelor-Mittal und HKM Hunderte Millionen Euro in neue Techniken und Erweiterungen der bestehenden Anlagen. Die circa 18 000 Beschäftigten am größten Stahlstandort Europas in Duisburg können hoffnungsvoll in die Zukunft schauen. Auch wenn das Goldene Zeitalter der Montanindustrie mit all seinen Spitzenleistungen für alle Zeiten vorbei sein dürfte, eine besondere Rekordmarke wird den Beschäftigten der Stahlindustrie im Ruhrgebiet wohl lange nicht zu nehmen sein: der längste Arbeitskampf der deutschen Nachkriegsgeschichte. Als das Hüttenwerk Duisburg-Rheinhausen geschlossen werden sollte, begann 1987 ein rund einjähriger Arbeitskampf, der für bundesweites Aufsehen sorgte. Es gab wohl kaum jemanden in Deutschland, dem das Schicksal der Duisburger Stahlarbeiter nicht naheging. Selbst ein Lied wurde für die Arbeiter komponiert. »Rheinhausen, du darfst nicht untergeh'n« von Gunter Gabriel schallte damals durch die Republik. Prominente und Politiker schalteten sich in den Konflikt ein, und die Menschen im Ruhrgebiet rückten im Kampf gegen »die da oben« eng zusammen. Das Werk wurde 1993 dennoch geschlossen. Heute befindet sich an der

Stelle des Hüttenwerks Rheinhausen ein Logistik-zentrum. Wer sich nicht vorstellen kann, wie so ein Hüttenwerk aussieht oder wie es zu den Hochzeiten der Stahlindustrie funktionierte, kann sich im LWL-Industriemuseum Hattingen ein Bild davon machen. Hier wurde die ehemalige Henrichshütte zu einem Museum umgewandelt, das an Originalschauplätzen die Geschichte von Stahl und Eisen im Ruhrgebiet erzählt, inklusive Schaugießerei und Fahrstuhlfahrt auf den Hochofen.

Geographie & Verkehr

Während es das Ruhrgebiet in anderen Disziplinen gerne groß mag, zeigt es sich bei den geographischen Angaben von seiner bescheidenen Seite. Weder die höchsten Berge noch die größten Wälder oder tiefsten Seen sind hier zu finden. Der höchste Punkt im Ruhrgebiet ist mit 441 Meter über Normalnull der Wengeberg in Breckerfeld. Der niedrigste Punkt liegt mit dreizehn Meter über Normalnull in Xanten. Das Ruhrgebiet umspannt eine Fläche von rund 4400 Quadratkilometer, das entspricht etwa 13 % der Fläche Nordrhein-Westfalens. Auch von den zehn flächenmäßig größten Städten und Gemeinden Deutschlands liegt keine im Ruhrgebiet. Dortmund, mit 280 Quadratkilometern die flächenmäßig größte Stadt der Region, befindet sich nicht unter den Top 10. Was die Region auszeichnet, ist die dichte Besiedlung der Städte. So ist Herne mit rund 3000 Einwohnern pro Quadratkilometer die Stadt mit der höchsten Bevölkerungsdichte in Nordrhein-Westfalen. Im bundesweiten Vergleich liegt Herne damit zwar hinter München und Berlin, aber noch vor Hamburg. Dennoch nehmen die Landwirtschafts- und Waldflächen zusammen mehr als 50 % der Region ein. Umso gemütlicher wird

es in den vorhandenen Siedlungs- und Verkehrs-
flächen.

Flächennutzung im Jahr 2013

Nutzungsart	Fläche
Landwirtschaftsfläche	39,0 %
Siedlungs- und Verkehrsfläche	38,7 %
Waldfläche	18,4 %
Wasserfläche	3,3 %

Besiedlung des Ruhrgebiets

Die Besiedlung im Ruhrgebiet ist an vielen Stellen
so eng, dass ein Übergang zwischen den einzelnen
Städten kaum erkennbar ist. Mit welcher Stadt das
alles begann, hängt von der Betrachtungsweise ab.
Welche die älteste Stadt des Ruhrgebiets ist? Kommt
darauf an, wie man die Gründung einer Stadt de-
finiert. Die Geschichte der Stadt Xanten am west-
lichen Rand des Ruhrgebiets im Kreis Wesel reicht
zurück bis ins Jahr 12 vor Christus. Geht man von
der Verleihung der Stadtrechte aus, gehören Dortmund, Duisburg und Essen zu den ältesten Städten,
denn sie erhielten die Stadtrechte zwischen 800 und
900 nach Christus. Die jüngste Stadt im Ruhrgebiet

hingegen ist Hamminkeln im Kreis Wesel. Erst 1995 wurden die Hamminkelner zu Städtern.

Durch die enge Besiedlung kam es zu teils umstrittenen Eingemeindungen und Fusionen, etwa um Kosten zu sparen oder Organisationsstrukturen zu vereinfachen. Wer sich im Ruhrgebiet von Stadtgrenze zu Stadtgrenze treiben lässt, wird deshalb allein an den Städtenamen die Fortschrittlichkeit der Region ablesen können. Was in bundesdeutschen Ehen erst spät in Mode kam, ist im Ruhrgebiet seit vielen Jahrzehnte Normalität: Doppelnamen.

Was ist Wanne-Eickel?
Das ist Latein für Castrop-Rauxel.
Und auf Englisch?
Kamp-Lintfort.

Einige dieser Doppelnamen wie Bochum-Wattenscheid oder Gelsenkirchen-Buer wurden mit den Jahren gestrichen. Diese Verbindungen tragen nun den Namen der größeren Stadt. Sollte dieser Trend ebenfalls auf die Doppelnamen der deutschen Ehen übergehen, wäre an anderer Stelle die Frage zu klären, welcher Ehepartner die Funktion der größeren Stadt einnehmen würde.

Geologie des Ruhrgebiets

Das Ruhrgebiet erstreckt sich in der West-Ost-Richtung vom weiter westlich gelegenen Kreis Wesel bis zur Stadt Hamm und erreicht eine maximale Ausdehnung von 116 Kilometer. In der Nord-Süd-Richtung reicht das Ruhrgebiet vom Kreis Recklinghausen bis zum Ennepe-Ruhr-Kreis bei einer maximalen Ausdehnung von 67 Kilometer. Die naturräumliche Gliederung des Ruhrgebiets setzt sich aus Teilen von drei Großlandschaften zusammen. Im Norden und Nordosten reicht die Westfälische Bucht weit in das Ruhrgebiet hinein und umfasst beispielsweise große Teile von Städten wie Essen oder Dortmund. Die Stadt Dortmund markiert gleichzeitig den Übergang zum rechtsrheinischen Teil des Rheinischen Schiefergebirges, zu dem unter anderem das ans Ruhrgebiet grenzende Sauerland gehört. Dieser Teil des Rheinischen Schiefergebirges umfasst Teile des südlichen und südöstlichen Ruhrgebiets. Der dritte Naturraum ist die Niederrheinische Bucht im Westen. Sie umfasst im Ruhrgebiet die Städte Oberhausen, Duisburg und den Kreis Wesel und reicht in westlicher Richtung bis in die Niederlande. Zu den prägnantesten geologischen Merkmalen des Ruhrgebiets zählen die hohen Vorkommen an Bodenschätzen. Im Prinzip war das, was im Wilden Westen Amerikas der Goldrausch war, im Wilden Westen

Deutschlands der Kohlerausch. Die großen Kohlevorkommen im Ruhrgebiet sind stark mit dessen Gründungsgeschichte verknüpft und trugen zur Ausdehnung und geographischen Definition der Region bei. Der Kreislauf wurde vom technologischen Fortschritt immer wieder neu angestoßen. Denn sobald durch neue Techniken weitere Fördergebiete erschlossen werden konnten, breitete sich das Ruhrgebiet entsprechend aus. Südlich der Ruhr war die Kohle überspitzt gesagt mit Eimer und Schaufel zu gewinnen, während das Fördern in Richtung Norden immer schwieriger wurde. Dort befinden sich die Kohlevorkommen heute teilweise in rund 1500 Meter Tiefe. Um der stetigen Expansion des Ruhrgebiets eine Struktur zu geben, wurde 1920 der Siedlungsverband Ruhrkohlenbezirk gegründet. Der Verband ist Vorläufer des heutigen Regionalverbandes Ruhr und lässt schon am Namen erkennen, welchen Einfluss die Kohle auf die Entstehung der Region hatte.

Flüsse und Seen im Ruhrgebiet

Die Diva, die Hitzige, die Schmutzige und der Vater. Nein, das ist nicht der Anfang eines Märchens, sondern die Charakterisierung der vier wichtigsten Flüsse im Ruhrgebiet. Das Revier wird von drei von Osten nach Westen fließenden Flüssen gegliedert, die Ruhr im Süden, die Lippe im Norden und die Emscher in der Mitte. Alle drei Flüsse münden innerhalb des Ruhrgebiets in den »Vater Rhein«, den vierten großen Fluss, der das Ruhrgebiet im Westen von Süden kommend Richtung Nordsee durchquert. Damit ist klar, wer der Vater ist, nun folgen seine »Töchter«.

Die Diva

Der Star unter den Flüssen im Ruhrgebiet ist die in Winterberg im Sauerland entspringende Ruhr. Sie ist Namensgeberin der Region, und um sie herum scharten sich zu Beginn des Kohlebooms Industrie und Städte. Zu den Hochzeiten des Kohlebergbaus war die Ruhr zeitweise einer der meistbefahrenen Flüsse Deutschlands, bis neue, kostengünstigere Verkehrswege ihr nach und nach den Rang abliefen.

Die Hitzige

Die Lippe entspringt im Naturpark Teutoburger Wald bei Bad Lippspringe und ist Wasserlieferant für die umliegenden Industrieunternehmen und das Kanalnetz des Ruhrgebiets. Angrenzende Kraftwerke nutzen die Lippe als Kühlwasserlieferant, ziehen also kaltes Wasser aus der Lippe ab und geben es aufgewärmt wieder zurück. Durch dieses Verfahren kann es passieren, dass die Lippe zu stark aufgeheizt wird und die angesiedelte Flora und Fauna in Gefahr gerät. Deshalb mahnen Naturschützer regelmäßig niedrigere Temperatur-Grenzwerte an, um die Hitzewallungen der Lippe einzudämmen.

Die Schmutzige

Während die Lippe und die Ruhr nicht im Ruhrgebiet entspringen, liegt die Quelle der Emscher in der Region, und zwar in Holzwickede. Sie befindet sich auf dem sogenannten Emscherquellhof. Auf der 1801 erbauten Hofanlage kann man heute unter anderem eine ständige Ausstellung zur Geschichte der Emscher besuchen. Die Emscher galt lange Zeit als einer der dreckigsten Flüsse Deutschlands und wurde auch als »Kloake des Ruhrgebiets« bezeichnet. Schuld daran war der Bergbau, der die Anlage eines unterirdischen Kanalsystems zur Abwasserentsorgung behinderte. Seit dem Rückbau des Bergbaus sind verschiedene Maßnahmen in Kraft getreten, um das Ansehen und die Qualität der Emscher zu verbessern.

Die Seenlandschaft

Die fünf größten Seen der Region wurden künstlich angelegt. Die Stadt Haltern am See macht ihrem Namen dabei alle Ehre. Vor allem durch die benachbarten Silberseen, die Anfang des zwanzigsten Jahrhunderts durch Quarzsandgewinnung entstanden sind. Heute dienen die Seen als Badeseen, Naturschutzgebiet und weiterhin zur Gewinnung von Quarzsand und würden mit einer Größe von zusammengenommen rund zwei Quadratkilometer spielend einen Platz in der Liste der größten Seen des Ruhrgebiets einnehmen. Genauso wie die Sechs-Seen-Platte, die nicht in Bayern, sondern in Duisburg liegt und deren sechs Seen der Erholung dienen und zusammen auf eine Größe von rund eineinhalb Quadratkilometer kommen.

See	Fläche	Art	Nutzung
Halterner Stausee	3,0 km²	Stausee	Erholungsgebiet
Baldeneysee, Essen	2,6 km²	Stausee	Erholungsgebiet
Auesee, Wesel	1,8 km²	Kiesgrube	Erholungsgebiet
Diersfordter Waldsee, Wesel	1,5 km²	Baggersee	Naturraum
Hullerner Stausee, Haltern am See	1,5 km²	Stausee	Wassergewinnung

Wälder im Ruhrgebiet

Wäre das Ruhrgebiet ein Raucher, wäre es mit dem Ende des Kohlebooms langsam aber sicher von seiner Sucht weggekommen und nun auf bestem Wege, ein joggender Freiluftfanatiker zu werden. Die Zeiten, in denen der Himmel von Ruß verhangen war und man die Wäsche nicht nach draußen hängen konnte, sind längst vorbei. Die Waldflächen, die 2013 schon über 18 % des Ruhrgebiets einnahmen, wachsen durch weitere Begrünungsmaßnahmen ständig weiter. Aber auch die bereits vorhandenen Wälder sind für eine ehemalige Industrieregion beachtlich. Das bekannteste Waldgebiet muss sich das Ruhrgebiet mit dem Münsterland und dem Niederrhein teilen. Der Naturpark Hohe Mark Westmünsterland hat eine Größe von etwa 1000 Quadratkilometer und umfasst im Ruhrgebiet unter anderem die Hügellandschaft Die Haard und die Waldgebiete Üfter Mark und Kirchheller Heide. Im gesamten Naturpark gibt es im Prinzip nichts, was es im Zusammenhang mit Walderlebnis nicht gibt: Reit-, Wander-, Fahrrad- und Joggingwege durch Wiesen, Wälder und Parks, auf und in denen sich eine Vielzahl an heimischen Tierarten entdecken lässt. Alle übrigen Waldgebiete im Revier sind dagegen recht bescheiden.

Wald	Stadt	Fläche
Baerler Busch	Duisburg	3,2 km²
Schlosswald	Herten	1,8 km²
Castroper Holz	Castrop-Rauxel	1,4 km²
Grutholz & Nierholz	Herne	1,2 km²
Beerenbruch	Castrop-Rauxel	1,0 km²

Parks im Ruhrgebiet

Auf vielen stillgelegten Industriegeländen sind Parkanlagen entstanden, die den Besuchern ein vielfältiges Angebot an Freizeitmöglichkeiten bieten, und auch manche Bundesgartenschau hat ihre Spuren hinterlassen.

Nordsternpark Gelsenkirchen

Auf dem Gelände der ehemaligen Zeche Nordstern befindet sich heute der zur Bundesgartenschau 1997 eröffnete, etwa 100 Hektar große Nordsternpark. Neben der am Rhein-Herne-Kanal gelegenen Parkanlage befinden sich hier zahlreiche Sportanlagen und Kunstprojekte. Mit dem »Herkules von Gelsenkirchen« wacht eine 18 Meter hohe Montanplastik von Markus Lüpertz über den Park. Leider wurde Herkules erst 2010 aufgestellt, so dass er ein Zusammentreffen mit Bob Dylan knapp verpasste. Dieser spielte 2006 im Amphitheater des Nordsternparks ein Konzert seiner »Never Ending Tour«.

Maximilianpark Hamm

»Törööö!« Dieser elefantöse Ausruf dürfte jedem Kind auf den Lippen liegen, sobald es den 35 Meter hohen begehbaren Glaselefanten im Maximilianpark Hamm erblickt. Der auf dem Gelände der ehemaligen Zeche Maximilian liegende Park wurde zur Landesgartenschau 1984 eröffnet und beherbergt auf seinen 22 Hektar neben viel Natur das größte tropische Schmetterlingshaus Nordrhein-Westfalens.

Westfalenpark Dortmund

Aller guten Dinge sind drei. Und so war der Westfalenpark Dortmund seit 1959 die Heimat von drei Bundesgartenschauen. Auf rund 60 Hektar gibt es für Garten- und Naturfreunde viel zu entdecken – von einer Heidelandschaft über asiatische Pflanzen bis hin zum Deutschen Rosarium, das eine Sammlung von rund 2600 verschiedenen Rosenarten präsentiert. Darüber hinaus wird der Westfalenpark im Sommer für verschiedene Veranstaltungen genutzt und ist die Heimat des Fernsehturms Florian.

Hügelpark Essen

Der um die Villa Hügel in Essen gelegene Park wurde zum Ende des neunzehnten Jahrhunderts nach Alfred Krupps Vorstellungen angelegt und wird seit den sechziger Jahren des zwanzigsten Jahrhunderts nach dem Vorbild englischer Gärten gestaltet. Auf rund 23 Hektar finden sich hier über 7000 Bäume von 120 unterschiedlichen Arten. Angereichert ist die Parklandschaft mit Skulpturen und Denkmälern, von denen vor allem die von Alfred Krupp persönlich in Auftrag gegebenen Sphingen einen besonders herrschaftlichen Charme versprühen.

Kaisergarten Oberhausen

Der Kaisergarten am Rhein-Herne-Kanal in Oberhausen vereint auf seinen 28 Hektar alles, was einen Park ausmacht. Neben Wald- und Wiesenflächen befinden sich hier ein Tiergehege, ein Streichelzoo und eine Teichlandschaft. Der Kaiserpark ist der größte kostenlose Tierpark der Region.

Landschaftspark Duisburg-Nord

Auf dem Gelände eines ehemaligen Hüttenwerks befindet sich der 180 Hektar große Landschaftspark Duisburg-Nord. Neben einem künstlich angelegten

Tauchsportzentrum, einem Klettergarten und verschiedenen Veranstaltungshallen verbinden sich hier wild wachsende Blumen mit künstlich angelegten Gärten. Entlang alter Gleistrassen gibt es eine abwechslungsreiche Pflanzenwelt zu entdecken, und ein Lehr- und Lernbauernhof lädt zum Verstehen der Landwirtschaft ein.

Grugapark Essen

Wofür steht eigentlich Gruga? 1929 fand die »Große Ruhrländische Gartenbau-Ausstellung«, kurz Gruga genannt, in Essen statt. Damals zog es rund zwei Millionen Besucher aus ganz Europa nach Essen, um blühende Landschaften mitten in der Industrieregion zu erleben. Heute, eine Bundesgartenschau 1965 und fast 90 Jahre später, gehört der Grugapark Essen zu einem der größten Parks Europas. Auf rund 700 000 Quadratmetern befinden sich Park- und Gartenanlagen, Spiel- und Sportstätten, ein Kurzentrum sowie die rund 40 Skulpturen und Plastiken umfassende, unter freiem Himmel ausgestellte »Sammlung Grugapark«.

Das Klima im Ruhrgebiet

Wie ist eigentlich das Wetter in Wetter? In der Region Wetter liegen die Tagestemperaturen durchschnittlich zwischen 1 und 24 Grad und in der Nacht zwischen 14 und –5 Grad. Im Durchschnitt fällt an rund 154 Tagen im Jahr Regen, was einer jährlichen Niederschlagsmenge von rund 1000 Liter pro Quadratmeter entspricht. Der Wind weht im Jahresdurchschnitt mit Stärke 2, an rund 17 Tagen im Jahr ist mit Sturmböen zu rechnen. Und diese sorgten 2014 für eines der größten Unwetter der Region. Am Pfingstmontag fegte Sturm Ela über das Ruhrgebiet und stürzte mehrere Städte ins Chaos. Die Bundeswehr rückte aus, um die Schäden, darunter Zehntausende umgewehte Bäume, abgetragene Dächer und herumfliegende Trümmerteile, zu beseitigen. Neben diesen alle paar Jahre auftretenden Wetterextremen – vor Sturm Ela wurde die Region 2007 vom Orkan Kyrill getroffen – ist die allgemeine Wetterlage jedoch als entspannt zu bezeichnen.

Klimametropole Ruhr 2022

Wo die Schlote qualmten, der Himmel grau war und die Gerüche der Fabriken deutlicher durch die Straßen und Gassen waberten als in so mancher ländlichen Gegend, haben sich die Menschen schon früh gefragt, ob das der Umwelt gefällt. Wenn also eine Region wie dafür geschaffen ist, den Wandel zum umweltverträglichen Leben und Wirtschaften zu gestalten, ist es das Ruhrgebiet. Die Region wirkt als regionaler Partner unter dem Titel »Klimametropole Ruhr 2022« an der »KlimaExpo.NRW« mit. Projekte aus dem gesamten Ruhrgebiet wurden hier in unterschiedlichen Themenfeldern zusammengefasst, um die Folgen des Klimawandels zu meistern und Anregungen für einen verantwortungsvollen Umgang mit der Umwelt zu geben. Dabei werden, wie folgende Beispiele zeigen, alle Facetten des Lebens bedacht.

Natur: Bienen in der Stadt

Mitten auf der Zeche Zollverein residieren dank einer Zusammenarbeit zwischen dem Unternehmen RAG Montan Immobilien und dem Naturschutzbund Deutschland e. V. vier Bienenvölker und produzieren exklusiven »Welterbe-Honig«. Mit dieser Aktion möchte man die öffentliche Wahrnehmung für die Bedeutung der Bienen schärfen und ihnen neue Lebensräume anbieten. Der Regionalverband Ruhr hat sich dieses Themas angenommen und sucht immer weiter nach geeigneten Standorten, um ein umfassendes Bienennetzwerk aufzubauen. Wer den Bienen auf Zeche Zollverein bei der Arbeit zu-

schauen möchte, kann dies über frei im Internet zu-
gängliche Webcams tun.

Wohnen: Das »EnergiePlusHaus«
am Phoenix-See

Kann ein Haus mehr Energie erzeugen, als es
verbraucht? Das an der Technischen Universität Darmstadt entwickelte »EnergiePlusHaus«
am Dortmunder Phoenix-See ist Bestandteil und
Leuchtturmprojekt der Initiative »100 EnergiePlus-
Häuser für Dortmund« von DEW21 und der Stadt
Dortmund. Das Haus wurde mehrfach prämiert und
lädt interessierte Besucher dazu ein, sich über die
unterschiedlichen und innovativen Möglichkeiten
energiesparenden Bauens zu informieren und vielleicht die eine oder andere Anregung für die eigenen
vier Wände mitzunehmen.

Mobilität: ruhrmobil-E e. V.

Der ruhrmobil-E e. V. ist eines der größten kom-
munalen Netzwerke zur Förderung von Netzwerk-
mobilität in Deutschland und macht das Thema
E-Mobilität durch unterschiedliche Aktionen erlebbar. So werden Probefahrten mit E-Bikes, Pedelecs
oder E-Autos angeboten, und die Aktion »Rad raus,
Motor rein«, bei der Fahrräder zu Pedelecs umge-

rüstet werden, wird vom Verein initiiert. Der Hintergedanke bei der Umrüstung der Fahrräder ist so einfach wie logisch: Wenn das eigene Fahrrad mit Hilfe eines Elektromotors einem sozusagen unter die Beine greift, ist der Fahrradfahrer eher gewillt, auch größere Strecken mit seinem Rad zurückzulegen und das Auto stehen zu lassen.

Menschen, Autos, Sensationen

Wenn Güterverkehr aus ganz Europa mit Pendlerverkehr Kontakt aufnehmen will, treffen sich beide oft und gerne im Ruhrgebiet. Im Umkreis von 500 Kilometern sind vom Ruhrgebiet aus rund 40 % der gesamten Bevölkerung der Europäischen Union zu erreichen. Diese Menschen wollen nicht nur mobil sein, sondern auch konsumieren. Tagtäglich bewegt sich ein steter Waren- und Menschenstrom aus allen Himmelsrichtungen durch das Ruhrgebiet. Die Palette reicht vom Pendler auf dem Weg zur Arbeit, dem Lkw-Fahrer mit einer Fuhre von Südeuropa nach Norddeutschland über Binnenschiffer und Interrailfahrer bis zum klischeebeladenen Wohnwagen aus den benachbarten Niederlanden. Was eigentlich zu chaotischen Zuständen führen müsste, klappt an den meisten Tagen recht gut. Eine Portion Geduld und Fatalismus sind im Ruhrgebiet aber zu jeder Zeit ein guter Begleiter, wenn es darum geht, von A nach B zu gelangen. Insgesamt verzeichnet die Region rund 12 Millionen Personenfahrten pro Werktag. Allein 10 Millionen davon erfolgen mit dem PKW, die übrigen 2 Millionen mit öffentlichen Verkehrsmitteln. 25 Verkehrsunternehmen sind in der Metropole Ruhr tätig und betreiben zusammengenommen über 750 Buslinien, 18 Straßenbahnlinien, 13 Stadtbahnlinien und 2 H-Bahnlinien.

Straßennetz

Das Straßennetz im Ruhrgebiet ist legendär. Rund 3400 Kilometer Landes- und Kreisstraßen, über 630 Kilometer Bundesstraßen und etwa 600 Kilometer Bundesautobahnen schlängeln sich durch das Revier. Die Mutter aller Ruhrgebietsautobahnen ist die A 40, auch als Ruhrschnellweg oder B 1 bekannt. Sie steht stellvertretend für alles, was das Autofahren im Ruhrgebiet ausmacht. Sie ist nicht nur die älteste, sondern auch die wichtigste Autobahn der Region und verbindet mit Duisburg, Mülheim an der Ruhr, Essen, Gelsenkirchen, Bochum und Dortmund einige der bevölkerungsreichsten Städte des Ruhrgebiets und ist entsprechend dicht befahren. Daher auch der Spitzname »Ruhrschleichweg«. So gut wie keine Verkehrsmeldung kommt ohne einen Hinweis auf die

A 40 aus. Gibt es mal keinen Stau, liegen regelmäßig Gegenstände aller Art auf der Fahrbahn, oder Fußgänger haben sich auf die Autobahn verirrt. Diese haben wahrscheinlich noch einen der berühmtesten Tage in der Geschichte der A 40 im Hinterkopf: das »Still-Leben« im Jahr 2010. Hier wurde die Autobahn als Teil der Veranstaltungen zur Kulturhauptstadt Europas »RUHR.2010« an einem Sonntag für den motorisierten Verkehr gesperrt. Rund 3 Millionen Fußgänger, Fahrrad- und Rollschuhfahrer flanierten an dem Tag ungestört über die Fahrbahn. Auf den Autobahnen im Revier wird also einiges geboten. Aber so gefährlich, wie die Verkehrsmeldungen vermuten lassen, ist es dann doch nicht. Schließlich kann das Ruhrgebiet mit Bochums Straßen die Gegend sein eigen nennen, in der statistisch gesehen die Gefahr, bei einem Verkehrsunfall ums Leben zu kommen, so gering ist, wie in keiner anderen Stadt in Nordrhein-Westfalen.

	Länge (in NRW)	Start	Ende
A 1	732 (253) km	Oldenburg in Holstein	Saarbrücken
A 2	486 (195) km	Oberhausen	Berlin
A 3	778 (181) km	Grenzübergang Elten (NL)	Grenzübergang Suben (A)

	Länge (in NRW)	Start	Ende
A 40	94 km (vollständig in NRW)	Grenzüber-gang Straelen (NL)	Dortmund
A 42	58 km (vollständig in NRW)	Kreuz Kamp-Lintfort	Kreuz Castrop-Rauxel-Ost
A 43	95 km (vollständig in NRW)	Münster	Wuppertal
A 44	266 (200) km	Grenzüber-gang Lichten-busch (B)	Kassel
A 45	257 (122) km	Dortmund	Aschaffenburg
A 52	93 km (vollständig in NRW)	Elmpt	Kreuz Marl-Nord
A 57	128 km (vollständig in NRW)	Grenzüber-gang Goch (NL)	Köln-Ehrenfeld
A 59	74 km (vollständig in NRW)	Dinslaken/ Duisburg	Bonn-Beuel

Schienenverkehr

Das Schienennetz im Ruhrgebiet umfasst rund
2000 Kilometer. Aneinandergereiht entspricht
das ungefähr der Entfernung von Essen nach

Moskau oder von Dortmund nach Istanbul. Entsprechend dicht ist die Ausstattung mit Bahnhöfen, die sowohl den Fern- als auch den Regional- und Güterverkehr abdecken.

Das Ruhrgebiet hat keinen eigenen Verkehrsverbund, sondern gehört zum Verkehrsverbund Rhein-Ruhr (VRR), der noch weitere Gebiete wie etwa Düsseldorf umfasst. Der VRR transportiert in seinen Bussen und Bahnen täglich rund 3 Millionen Fahrgäste und kommt damit auf über 1 Milliarde Fahrgäste pro Jahr. Das gesamte Streckennetz umfasst knapp 12 200 Kilometer. Da sich ein Teil dieser rund 3 Millionen Fahrgäste tagtäglich in den Zügen des Ruhrgebiets befindet, geht es hier zu den Hauptverkehrszeiten oft kuscheliger zu, als es vielen lieb sein dürfte. Vor allem wenn noch Verspätungen oder Zugausfälle hinzukommen. Läuft andererseits alles reibungslos, zeigt der Schienenverkehr einmal mehr, wie zentral das Ruhrgebiet in Europa liegt.

Strecke	Schnellste Verbindung	Zug
Duisburg–Amsterdam	2:01	ICE
Essen–Paris	4:35	Thalys
Bochum–Basel	6:05	EC
Duisburg–Wien	9:55	ICE
Dortmund–Warschau	12:19	EN

Wasserstraßen

Im Ruhrgebiet gibt es rund 80 Häfen, von denen vor allem die in Duisburg und Dortmund überregionale Bekanntheit genießen. Der Duisburger Hafen hat sich zu einem der bedeutendsten Logistik- und Transportstandorte des Ruhrgebiets entwickelt, während der Hafen in Dortmund als der größte Kanalhafen Europas gilt. Durch das gut ausgebaute, vornehmlich zur Binnenschifffahrt genutzte Kanalsystem ist für eine Anbindung an die Seehäfen in den Niederlanden und an die Nordsee gesorgt.

Kanal	Fertig-stellung	Länge	Verlauf
Rhein-Herne-Kanal	1914	45 km	Hafen Duisburg–Dortmund-Ems-Kanal
Wesel-Datteln-Kanal	1930	60 km	Rhein–Dortmund-Ems-Kanal
Datteln-Hamm-Kanal	1914/1933	47 km	Dortmund-Ems-Kanal–Hamm
Dortmund-Ems-Kanal	1899	223 km	Hafen Dortmund–Papenburg

Flughäfen

Die gute Anbindung an das deutsche und europäische Straßen- und Schienennetz könnte ein Grund sein, warum das Ruhrgebiet keinen Flughafen von internationalem Rang hat. Ist es aber nicht. Die Wahrheit liegt vor der Haustür des Ruhrgebiets, in Düsseldorf. Dort befindet sich mit dem Düsseldorf Airport der drittgrößte deutsche Flughafen, von dessen rund 20 Millionen Passagieren pro Jahr manchen Schätzungen nach ein gutes Viertel aus dem Ruhrgebiet stammt. Besonders beliebt beim Flughafenpersonal dürften die zahlreichen Kegelclubs, Fußballmannschaften und Junggesellinnen- und -gesellenabschiede sein, die regelmäßig die Eingangshalle bevölkern. Leicht zu erkennen an T-Shirt-Aufdrucken wie »Wer heiraten kann, der kann auch saufen«, »Ich kann nichts dafür, ich bin so« oder »Ich brauchte 50 Jahre, um so gut auszusehen«.

Der wichtigste Flughafen des Ruhrgebiets liegt in Dortmund. Von dort aus fliegen hauptsächlich die sogenannten Billigflieger vornehmlich europäische Ziele an. Darüber hinaus gibt es noch weitere kleine Flughäfen mit unterschiedlicher Nutzung, wie den bei Fallschirmspringern beliebten Flughafen in Marl oder den von Geschäftsleuten gerne genutzten Flughafen Essen/Mülheim.

Fahrradverkehr

Was in Städten wie New York, London oder Paris an jeder Ecke zu sehen ist, darf im Ruhrgebiet nicht fehlen. Ein für alle zugängliches Fahrradverleihsystem. In der Metropole Ruhr nennt sich das Projekt »metropolradruhr« und ist mit über 2000 Fahrrädern das größte Fahrradverleihsystem Deutschlands. Die rund 300 Ausleihstationen befinden sich aktuell hauptsächlich grob gesagt zwischen Duisburg und Dortmund. In ländlicheren Gegenden wie in Teilen des Kreises Recklinghausen oder im Kreis Wesel ist das System noch nicht vollends angekommen. Der Zugang ist denkbar einfach. Nach kurzer Registrierung sind die Fahrräder im normalen Tarif für einen Euro pro halbe Stunde oder für neun Euro für 24 Stunden zu mieten. Der Nutzer kann das Fahrrad an einer Station mitnehmen, zum Beispiel am Hauptbahnhof in Oberhausen, damit zum Einkaufsareal Centro fahren und es dort an einer weiteren Station wieder abgeben. Es ist also nicht nötig, das Fahrrad wie bei einem klassischen Fahrradverleih genau dort wieder abzugeben, wo man es ausgeliehen hat. Das macht eine kombinierte Nutzung mit Bussen und Bahnen deutlich einfacher.

Wer sich lieber auf seinen eigenen Drahtesel schwingt und diesen eigenhändig hegt und pflegt, kann im Ruhrgebiet eine besondere Werkstatt anfahren. Die »VeloKitchen« in Dortmund bringt Fahrräder und Kochen zusammen. Erst wird das eigene Fahrrad mit Hilfe von gebrauchten Ersatzteilen repariert, um nach getaner Arbeit bei regem Austausch über das Radeln und Leben im Ruhrgebiet gemeinsam vegan zu kochen. Aber die Macher legen Wert darauf, dass es sich ausdrücklich nicht um eine Dienstleistung handelt. Wer mit seinem Fahrrad kommt, muss selbst mit anpacken, so wie sich das im Ruhrpott gehört.

Kultur & Kulinarisches

Rund 3,6 Millionen Touristen pro Jahr können nicht irren. Spätestens seit der Ernennung zur Europäischen Kulturhauptstadt ist die kreative Kraft des Ruhrgebiets unbestritten. Die Aktionen rund um das Kulturjahr »RUHR.2010« haben gezeigt, dass der langweilig anmutende Begriff Industriekultur bei genauer Betrachtung für spannende Orte und Projekte steht. Kultur im Ruhrgebiet wird weniger an einzelnen Personen festgemacht als vielmehr an Ereignissen, Geschichten und Orten. Die Menschen im Ruhrgebiet nehmen regen Anteil am kulturellen Angebot ihrer Region. So kamen allein zur letzten Ausstellung des Künstlers Christo, dem Big Air Package im Gasometer Oberhausen, im Jahr 2013 über 400 000 Besucher. Je nach Wetterlage sind um die 200 000 Besucher Bestandteil des kulturellen Jahreshöhepunktes »Extraschicht«, und zum mehrtägigen Bühnenprogramm von »Bochum Total« strömen in Spitzenzeiten über 1 Million Menschen. Von der Cranger Kirmes in Herne und den vielen Festen, Ausstellungen und Aktionen auf ehemaligen Industriegeländen ganz zu schweigen. Aber auch auf klassischen Feldern wie Kunstmuseen und Theatern kann sich das Ruhrgebiet sehen lassen.

Museen und Industriekultur im Ruhrgebiet

Wer denkt, das Ruhrgebiet hätte Kunstinteressierten kaum etwas zu bieten, der hat bis heute eine der größten Museumslandschaften Deutschlands ignoriert. Aber damit ist spätestens jetzt Schluss. Die über 200 Museen im Ruhrgebiet lassen sich grob gesagt in zwei Kategorien einteilen: Kunst und Geschichte. Die wichtigsten Museen mit industriellem Hintergrund werden auf der Route der Industriekultur miteinander verknüpft, denn die Grenze zwischen Museum und Industriekultur ist an vielen Stellen fließend. So wurden ehemalige Industriegelände zu Kunsträumen umgewandelt oder dienen selbst als eine Art Freiluftmuseum. Die Kunstmuseen hingegen sorgen immer wieder mit innovativen Ausstellungen für Furore, wie »Karl Lagerfeld – Parallele Gegensätze« im Museum Folkwang oder die Schau »Tibet – Klöster öffnen ihre Schatzkammern«, die rund 200 000 Besucher in die Villa Hügel nach Essen lockte. Wobei die Villa Hügel selbst schon wieder ein Bestandteil der Route der Industriekultur ist und zeigt, wie eng im Ruhrgebiet Kunst und Industrie bis heute miteinander verwoben sind.

Die Route der Industriekultur

Was sich vom Namen her anhört wie das öde Pflicht-
programm bei einer Klassenfahrt, entpuppt sich bei
näherer Betrachtung als einer der spannendsten Kul-
turpfade Deutschlands. Und das Beste für alle, die es
gerne gemütlich haben: In der Autoregion Ruhrpott
gibt es die Route auch in der motorisierten Variante.
Man kann wählen zwischen einem Straßenrundkurs
mit einer Länge von rund 400 Kilometern oder einer
Fahrradroute von insgesamt rund 700 Kilometern.
Auf dieser Strecke reiht sich ein industrielles Highlight an das nächste. Die Route der Industriekultur ist
das Band, das so gut wie alle Museen, touristischen
Einrichtungen und Landmarken, die sich mit der In-
dustriegeschichte der Region beschäftigen, miteinander verknüpft. Natürlich können die Punkte auch
einzeln angefahren werden, oder man orientiert sich
an einer der vielen Themenrouten.

Die Themenrouten der Route der Industriekultur

Name	Ausgangspunkt
Stadt und Hafen	Duisburg
Industrielle Kulturlandschaft Zollverein	Essen
Industriekultur am Rhein	Duisburg
Industrie macht Stadt	Oberhausen
Krupp und die Stadt Essen	Essen

Name	Ausgangspunkt
Dreiklang Kohle, Stahl und Bier	Dortmund
Industriekultur an der Lippe	Hamm
Erzbahn-Emscherbusch	Bochum
Industriekultur an Volme und Ennepe	Hagen
Sole, Dampf und Kohle	Unna
Frühe Industrialisierung	Witten
Geschichte und Gegenwart der Ruhr	Winterberg
Auf dem Weg zur blauen Emscher	Duisburg
Kanäle und Schifffahrt	Waltrop
Bahnen im Revier	Bochum
Westfälische Bergbauroute	Bochum
Rheinische Bergbauroute	Bochum
Chemie, Gas und Energie	Marl
Arbeitersiedlungen	Oberhausen
Unternehmervillen	Essen
Brot, Korn und Bier	Unna
Mythos Ruhrgebiet	Essen
Parks und Gärten	Essen
Industrienatur	Oberhausen
Panoramen und Landmarken	Kamp-Lintfort
Sakralbauten	Duisburg

Zeche Zollverein in Essen

Das UNESCO-Welterbe Zollverein als Museum zu bezeichnen kommt fast einer Beleidigung gleich. Auf dem Gelände der ehemaligen Zeche Zollverein in Essen befindet sich das Ruhr Museum, in dem die Natur- und Kulturgeschichte des Ruhrgebiets zu besichtigen ist. Unter dem Schatten des berühmten Doppelbock-Fördergerüstes ist genügend Raum für weitere Ausstellungen, Events und die von Kindern und Jugendlichen der Region selbstgestalteten Spielorte. Eine der bekanntesten Einrichtungen auf Zollverein ist die Eisbahn. Jeden Winter besteht zwischen ehemaligen Koksöfen die Möglichkeit, auf einer 150 Meter langen Eislaufbahn die Kufen zu schwingen. Aber auch in den Sommerferien ist mit dem 2,40 Meter tiefen Werksschwimmbad für Freizeitspaß gesorgt. Es dient nicht nur der Erfrischung, sondern ist im Rahmen eines Kunstprojekts 2001 von Frankfurter Künstlern entwickelt worden.

Deutsches Bergbau-Museum Bochum

Wer schon einmal dem Polizistenduo Toto & Harry bei der Arbeit auf Bochums Straßen zugeschaut hat, wird das große grüne Fördergerüst im Hintergrund des Polizeipräsidiums bemerkt haben. Der über 70 Meter hohe Turm stand ursprünglich auf der

Zeche Germania in Dortmund. Seit seinem Umzug 1973 prägt er als Wahrzeichen des Bergbau-Museums die Skyline der Stadt. Das Museum selbst vermittelt einen umfassenden Eindruck über den weltweiten Bergbau von den Anfängen bis heute. Die Höhepunkte sind jedoch die Fahrten über und unter Tage. Über Tage geht es hinauf auf die Aussichtsplattform des erwähnten Fördergerüstes, von wo aus die Besucher einen wunderbaren Ausblick über Bochum haben. Unter Tage geht es in das 20 Meter tiefe Anschauungsbergwerk, in dem Originalteile aus unterschiedlichen Epochen des Bergbaus ausgestellt sind – vom Grubenfahrrad bis zum Schrapplader und Doppelkettenförderer. Nur das Grubenpferd Tobias ist kein echtes Pferd, zeigt aber dennoch, mit welch harter Arbeit bis in die sechziger Jahre hinein die Kohle zutage gefördert wurde. Wer sich jetzt denkt, »20 Meter, das ist doch gar nichts!«, der sollte eine Fahrt mit dem Seilfahrtsimulator wagen und hautnah erleben, wie es sich anfühlt, in einem Förderkorb auf 1200 Meter Tiefe zu fahren.

Eisenbahnmuseum Bochum

Sich einmal wie Harry Potter auf dem Weg nach Hogwarts fühlen? Mit den historischen Sonderfahrten, die das Eisenbahnmuseum Bochum anbietet, ist das vor allem im Winter kein Problem. Für jeden, der etwas mit Zügen anfangen kann, ist das Eisenbahnmuseum das Ausflugsziel schlechthin. Denn hier sind weit über 100 Eisenbahnfahrzeuge aus unterschiedlichen Epochen versammelt. Außerdem gibt es in dem zum Museum umgerüsteten ehemaligen Bahnbetriebswerk so gut wie alles zu besichtigen, was mit dem Thema Eisenbahn zu tun hat. Besonders beliebt sind die bereits erwähnten Sonderfahrten in historischen Zügen. Die Fahrten mit der Dampflok führen beispielsweise bis zum Weihnachtsmarkt nach Aachen oder einmal durchs Ruhrgebiet. Dafür muss man nicht einmal Gleis 9¾ finden.

Umspannwerk Recklinghausen

Wer wissen möchte, wie es in der Zeit ohne Smartphone, Computer und Farbfernseher ausgesehen hat, der ist im Museum »Strom und Leben« im Umspannwerk Recklinghausen an der richtigen Stelle. Hier wird neben den unterschiedlichen Wegen der Stromerzeugung die Geschichte der Elektrifizierung mit Hilfe altgedienter Geräte aus unterschiedlichen Lebensbereichen, vom Arbeitsplatz über die Wohnung bis zum Friseursalon, für jeden nachvollziehbar dargestellt. Ältere Besucher werden den Lockenstab der Mutter wiedererkennen oder in einer alten Kneipeneinrichtung »schwelgen«, inklusive Flipperautomat und Jukebox versteht sich.

Schiffshebewerk Henrichenburg Waltrop

Was heute der Treppenlift für den rüstigen Rentner, war früher das Schiffshebewerk für Schiffe auf dem Dortmund-Ems-Kanal. Das 1899 eröffnete Hebewerk bietet neben einem Museum eine Sammlung historischer Schiffe. Hier wird zur Rundfahrt eingeladen, und die Besucher können auf einem alten Binnenschiff dem Schifffahrtsleben von vor fünfzig Jahren nachspüren. Wer sich Wasser lieber aus der Ferne anschaut, kann per Treppe die Brücke zwischen den beiden Türmen erklimmen und sich den Verlauf des Dortmund-Ems-Kanals von oben anschauen. Kinder können sich auf dem Wasserspielplatz tummeln, zusammen mit der Familie in Entdeckermontur das Museum erkunden und sich das »Hebewerk-Diplom« erspielen.

Museum Folkwang

Das Museum Folkwang ist sozusagen der Louvre oder Prado des Ruhrgebiets. Jeder, ob er sich mit Kunst auskennt oder nicht, war schon mal drin oder wurde durchgescheucht. Schließlich zählt das 1902 in Hagen eröffnete und seit 1922 in Essen angesiedelte Museum Folkwang zu den renommiertesten Kunstmuseen in Deutschland. Durch den von David Chipperfield entworfenen und 2010 eröffneten Neubau hat das bekannteste Museum des Ruhrgebiets einen weiterer Popularitätsschub erhalten. Das Museum Folkwang schafft es immer wieder, mit seinen wechselnden Ausstellungen völlig unterschiedliche Besucherschichten anzuziehen. So gab es in den letzten Jahren Ausstellungen wie »A Star is born – Fotografie und Rock seit Elvis«, »Bond, … James Bond – Filmplakate und Fotografien aus fünfzig Jahren« oder »Corporate Design – Der Logopionier Wilhelm Deffke«. Neben den wechselnden Ausstellungen verfügt das Museum Folkwang mit Werken von Claude Monet, Paul Cézanne, Paul Gauguin, Caspar David Friedrich und Ernst Ludwig Kirchner über eine Sammlung deutscher und französischer Malerei und Skulpturen des neunzehnten Jahrhunderts von internationaler Bedeutung. Die Essener Innenstadt ist zu Fuß etwas über einen Kilometer entfernt. Wer nicht so weit laufen will, kann im museumseigenen Café oder dem angeschlossenen Restaurant eine Pause einlegen.

Ludwiggalerie Schloss Oberhausen

Wer in Oberhausen an einer bestimmten Hauptstraße vor der roten Ampel steht und auf einmal ein großes rosa Schloss sieht, braucht sich keine Sorgen um seinen Geisteszustand zu machen. Denn es handelt sich dabei um das Schloss Oberhausen, die Heimat der Ludwiggalerie. Die Ludwiggalerie widmet sich mit ihrem abwechselnden Ausstellungsprogramm drei unterschiedlichen Themenfeldern: der Sammlung des Sammlerehepaares Peter und Irene Ludwig, der populären Galerie und der Landmarkengalerie. Damit deckt die Ludwiggalerie ein breites Spektrum von antiker Kunst über Comics und Fotografie bis zu Ausstellungen rund um den Strukturwandel der Region ab.

Das Schloss Oberhausen befindet sich am Kaisergarten, und so können Besucher nach einem Gang durch die Galerie nahtlos zu einem Spaziergang übergehen oder ihre Eindrücke im angrenzenden Restaurant verarbeiten.

Das Dortmunder U

Das Dortmunder U ist das neueste Wahrzeichen der Stadt. Das »U« an sich steht für die Union-Brauerei, in deren ehemaligem Gär- und Lagerhochhaus sich seit 2010 das Zentrum für Kunst und Kreativität befindet. Neben dem großen, beleuchteten »U« auf dem Dach wird das Gebäude von außen vor allem durch die Bilderuhr von Adolf Winkelmann geprägt. Angelehnt an barocke Kirchtürme, werden hier auf riesigen Leinwänden auf das »U« abgestimmte Bewegtbilder gezeigt. So fließen an der Dachkrone des »U« Bier und Wasser, Tauben machen es sich bequem, Menschen laufen durch den Alltag oder die schwarz-gelben Farben von Borussia Dortmund werden inszeniert. Im Inneren ist schon allein die Begehung des »U«-Turms bis hinauf in die oberste Etage, die auch gleichzeitig als Besucherterrasse dient und ein Restaurant beherbergt, ein Erlebnis. Per Rolltreppe arbeitet man sich, begleitet von den »fliegenden Bildern« von Adolf Winkelmann, etagenweise hoch. Für Kunstliebhaber empfiehlt sich ein Besuch im Museum Ostwall. Das 1949 unter dem Namen Museum am Ostwall eröffnete Museum ist seit 2010 im »U« beheimatet und zeigt auf zwei Etagen Kunst aus dem zwanzigsten Jahrhundert bis heute. Darüber hinaus befinden sich im und um das »U« zahlreiche Restaurants, und auch die Fußgängerzone von Dortmund ist nur wenige hundert Meter entfernt.

Red Dot Design Museum

»Ausgezeichnet mit dem Red Dot Design Award«, so oder so ähnlich heißt es in vielen Werbebroschüren zu Produkten aus dem alltäglichen Leben. Wer sich immer schon mal gefragt hat, was es mit dem »Red Dot« auf sich hat, wird in Essen die Antwort finden. Dort befindet sich auf dem Gelände der Zeche Zollverein das Red Dot Design Museum. Hier sind die Gewinner des alljährlichen Red Dot Design Awards, eines der größten Designwettbewerbe der Welt, ausgestellt. Die Dauerausstellung umfasst rund 2000 Exponate zum Anfassen aus 45 Ländern und gilt damit als die größte Ausstellung zeitgenössischen Designs weltweit.

Gasometer Oberhausen

Wer das Gasometer besucht, schlägt zwei Touristenfliegen mit einer Klappe. Von innen zeigt es sich von seiner kulturellen Seite und lässt Hunderttausende Besucher in seine Ausstellungen strömen. Die schiere Größe des Innenraums, mit einer Ausstellungsfläche von insgesamt 7000 Quadratmetern, bot in der Vergangenheit vielen Künstlern genügend Raum, um ihrer Kreativität freien Lauf zu lassen. So errichtete das Künstlerehepaar Christo und Jeanne-Claude hier »The Wall«. Eine 26 Meter hohe und 68 Meter breite Mauer, bestehend aus 13 000 Ölfässern. Auch der »größte Mond auf Erden« war schon zu Gast und hing mit einem Durchmesser von 25 Metern unterm Dach des Gasometers. Nicht zu vergessen der »Regenwaldbaum«, der als 43 Meter hohe Skulptur im Innenraum des Gasometers in den Himmel wuchs. Von außen betrachtet ist das Gasometer ebenfalls eine imposante Erscheinung. Es ragt knapp 120 Meter in den Himmel, und das bei einem Durchmesser von 67 Metern. Ein Aufzug führt die Besucher auf das zur Aussichtsplattform umfunktionierte Dach, von dem aus bei gutem Wetter und entsprechender Sehstärke der Blick bis zu 35 Kilometer weit reichen kann.

Tetraeder Bottrop

Das Ruhrgebiet ist nicht auf die Landung außerirdischer Lebewesen vorbereitet? Von wegen. Das Tetraeder in Bottrop sieht nicht nur aus wie eine futuristische Ufo-Landebahn, nein, es hat sogar schon Aliens angelockt. Und zwar die von Fred Fischer in Handarbeit erschaffenen Skulpturen, die seit 2009 alle paar Jahre am Fuße des Tetraeders auftauchen. Das Tetraeder selbst ist eine 50 Meter hohe Pyramide aus Stahl, die auf der 65 Meter hohen Halde Beckstraße in Bottrop steht. Wer das Ruhrgebiet vom Tetraeder aus betrachten will, muss zunächst die Halde erklimmen und hat dann die Wahl zwischen drei unterschiedlichen Aussichtsplattformen, in der Reihenfolge hoch, höher, am höchsten. Oder in Zahlen ausgedrückt, 18, 32 und 38 Meter. Hier geht's nicht wie beim Gasometer per Aufzug nach oben, sondern über unterschiedliche Treppenkonstruktionen, die je nach Wind- und Wetterlage leichten Schwankungen unterliegen können. Dass die oberste Plattform in Schräglage gebaut wurde, sorgt auch bei gutem Wetter für einen gewissen

Schaukeleffekt. So manch einer ist schon voller Enthusiasmus auf die erste Plattform gestürmt, um schneller als gedacht mit wackeligen Knien den Rückwärtsgang einlegen zu müssen. Der Zugang zum Haldengelände und zum Tetraeder ist übrigens kostenlos.

Tiger & Turtle

Was sich anhört wie die Nummer 87 beim asiatischen Schnellimbiss, ist in Wahrheit ein Kunstwerk mitten in Duisburg. Genauer gesagt handelt es sich bei Tiger & Turtle – Magic Mountain, so die offizielle Bezeichnung, um eine rund 18 Meter hohe, begehbare Achterbahn. Tiger & Turtle steht, genau wie das Tetraeder, auf einer Halde. Je näher man dem Objekt kommt, desto klarer wird, dass es sich dabei nicht um eine stillgelegte Achterbahn handelt, sondern um ein Kunstwerk der Künstler Heike Mutter und Ulrich Genth. Was aus der Ferne aussieht wie ein auf bedingungslose Geschwindigkeit ausgelegtes Konstrukt, zeigt sich bei seiner Begehung von seiner langsamen Seite. Am höchsten Punkt angekommen, dürfen sich Besucher auf einen Blick über den nahe liegenden Rhein freuen.

Halde Hoheward

Nur wer den Drachen bezwingt, wird den Obelisk erreichen. Was nach einem Fantasyroman klingt, ist der Aufstieg zur Aussichtsplattform der Halde Hoheward. Von der in Recklinghausen gelegenen Seite geht es zunächst über die Drachenbrücke, die den Körper eines großen, roten Drachen darstellt, der mit seinem Kopf hoch in den Himmel ragt und bedrohlich auf die Brückennutzer herabblickt. So manchem Autofahrer, der das erste Mal unter ihr hindurchgefahren ist, dürfte beim Anblick des Drachenkopfes der Schreck in die Glieder gefahren sein. Hat man den Drachen bezwungen, beginnt der Aufstieg zum 152 Meter hoch gelegenen Gipfel. Dort angekommen, erwartet die Besucher ein über acht Meter hoher Obelisk, dessen Schatten wichtigster Bestandteil einer überdimensionalen, bei guter Witterung voll funktionsfähigen Sonnenuhr ist. Ein weiterer Höhepunkt ist das Horizontobservatorium, das jedoch seit 2008 aus Sicherheitsgründen gesperrt ist. Die Bögen der Installation ragen 45 Meter in den Himmel und sind damit auch im gesperrten Zustand eine interessante Sehenswürdigkeit.

Fernsehturm Florian

Der Fernsehturm Florian hat schon früh all das vereint, was das Ruhrgebiet heute ausmacht: technischer Fortschritt kombiniert mit Kreativität in begrünter Umgebung. Bei seiner Eröffnung 1959 war der Fernsehturm mit einer Höhe von rund 220 Metern der höchste Fernsehturm Deutschlands. Das in luftiger Höhe rotierende Café suchte damals seinesgleichen. Der Turm wurde passend zur Bundesgartenschau im umliegenden Westfalenpark Dortmund fertiggestellt und ist bis heute eines der Wahrzeichen der Stadt. Heute beherbergt Florian ein Gourmetrestaurant für gehobene Ansprüche und ein Terrassenrestaurant für Tagesausflügler. Beide Einrichtungen sind, genau wie der Fernsehturm, nicht jeden Tag geöffnet.

Theater im Ruhrgebiet

Was haben Romeo und Julia mit dem Mond von Wanne-Eickel zu tun, und warum haben Rollschuhfahrer und Claus Peymann den Ruf einer ganzen Stadt geprägt? Die Antworten finden sich in einer Theaterlandschaft, die von Schauspiel über Tanz bis hin zu Musicals im Prinzip alles zu bieten hat, was das Theaterherz höher schlagen lässt.

Schauspielhaus Bochum

Peter Zadek und Claus Peymann sind die Hauptverantwortlichen für den legendären Ruf, den das Schauspielhaus Bochum bis heute genießt. Zum Bochumer Ensemble von Peymann gehörten in den achtziger Jahren Schauspieler wie Gert Voss, Kirsten Dene oder Traugott Buhre, die Stücke von Thomas Bernhard oder Heiner Müller auf die Bühne brachten. Zu der Zeit gehörte das Schauspielhaus zu den meistbeachteten Theatern Deutschlands. Es folgten namhafte Intendanten wie Leander Haußmann oder Matthias Hartmann. 2010 übernahm Anselm Weber die Intendanz.

Grillo-Theater Essen

Das 1892 mit dem Stück »Minna von Barnhelm« eröffnete Grillo-Theater zählt zu den ältesten Theatern des Ruhrgebiets. Es ist nach seinem Stifter Friedrich Grillo benannt und wurde 1990 nach umfangreicher Renovierung und mit einem auf 400 Plätze verringerten Sitzplatzangebot mit Shakespeares »Ein Sommernachtstraum« wiedereröffnet. Ein Highlight des Theatergebäudes ist das Treppenhaus, das aufgrund seiner architektonischen Gestaltung gerne für Plakatausstellungen genutzt wird.

Mondpalast Herne

Der Mondpalast ist das Volkstheater des Ruhrgebiets. Hier werden, neben Komödien aus dem Ruhrpottalltag, klassische Stücke auf Pottniveau gebracht. Heraus kommen Aufführungen wie »Othello, der Schwatte von Datteln«, »Ronaldo und Julia« oder die Fortsetzung »Frau Piesewotzki, Libuda und ich«. In besagtem Stück kämpfen Ronaldo und Julia, deren Familien die größtmögliche Feindschaft pflegen, nämlich die zwischen Borussia Dortmund und Schalke 04, unter dem Mond von Wanne-Eickel um ihre Liebe und haben damit bis heute über 100 000 Besucher in ihren Bann gezogen.

Aalto-Theater Essen

Das Aalto-Theater Essen ist die Heimat des Aalto-Musiktheaters und des Aalto-Balletts und darüber hinaus eine Spielstätte der Essener Philharmoniker. Der Name Aalto stammt von dem finnischen Architekten Alvar Aalto, der 1959 die ersten Pläne für den insgesamt rund 1200 Zuschauer fassenden Neubau vorlegte. Jährlich kommt das Aalto-Theater auf etwa 175 Vorstellungen, die von bis zu 200 000 Menschen pro Spielzeit angesehen werden.

Starlight Express Bochum

Als der Starlight Express das erste Mal in Bochum über die Bühne rollte, hieß die Währung noch D-Mark und der Kanzler Helmut Kohl. Über 15 Millionen Besucher hat das Musical seit 1988 gezählt und 2014 seine 10 000. Vorstellung gefeiert. Das Musical erzählt den Traum eines Kindes, in dem Lokomotiven aus allen Ländern aufeinandertreffen, um die Schnellste unter ihnen zu ermitteln. Was Geschwindigkeit angeht, sind die Besucher hautnah dabei, denn die Darsteller sausen mit bis zu 60 Stundenkilometern durch das eigens für das Musical erbaute Theater.

Darüber hinaus gibt es im Ruhrgebiet viele weitere Theater zu entdecken. Freunde des Varietés und der Revue kommen im »Varieté et cetera« in Bochum und im »RevuePalast Ruhr« auf der ehemaligen Zeche Ewald in Herten auf ihre Kosten. Wechselnde Musicals und Shows werden im Metronom Theater Oberhausen und im Colosseum Theater Essen angeboten. Mehr klassische Schauspielkunst gibt es im Theater an der Ruhr in Mülheim und in den Theatern in Hagen oder Dortmund zu sehen.

Feste & Feiern im Ruhrgebiet

Das Ruhrgebiet feiert gerne, natürlich an erster Stelle sich selbst. Denn wo an jeder Ecke Kult und Kultur neben dem größten Dies und Das Europas blühen, dürfen Festivals und Feiern dem in nichts nachstehen. Einerseits gibt es viele kostenlose Angebote zum Schlendern, Musik hören oder Entdecken bisher unbekannter Subkulturen. Andererseits findet sich eine Vielzahl an Musik- und Kulturfestivals von Tanz über Popmusik bis Klassik.

Extraschicht

Warum nur schieben jedes Jahr Hunderttausende im Ruhrgebiet eine Extraschicht? Ganz einfach, weil die Extraschicht die größte kulturelle Veranstaltung der Region ist, die alle Städte und Kreise für einen Abend miteinander verbindet. Alles, was es dafür braucht, ist ein Ticket, Geduld und gute Laune. Denn die Warteschlangen vor den einzelnen Attraktionen können sich, vor allem wenn solche Höhepunkte wie ein Rundgang durch die Katakomben des Signal Iduna Parks in Dortmund dabei sind, etwas in die Länge ziehen. Das Ticket gilt für unzählige Museen, Kulturstätten, für den öffentlichen Nahverkehr und die extra eingesetzten Shuttle-Busse. Zu einem Preis von bisher 15 Euro pro Person können Besucher über die gesamte Region verteilte Spielstätten erleben. Die Hauptattraktionen, wie beispielsweise das Gasometer Oberhausen oder das Bergbau-Museum Bochum, werden an diesem Abend von zahlreichen Musikern und Artisten bevölkert, die ein umfangreiches Rahmenprogramm bieten. Die Extraschicht ist der beste Weg, das Ruhrgebiet in seinem Element zu erleben, mit den Menschen in Kontakt zu kommen, stillgelegte Industrieanlagen und weitere Landmarken zu entdecken und sich von der Region verzaubern zu lassen.

Geierabend

Das Ruhrgebiet kann alles, sogar Karneval. Unter diesem Motto könnte der seit 1992 jährlich stattfindende Geierabend stehen. Die seit 1999 im Industriemuseum Zeche Zollern II/IV in Dortmund beheimatete Veranstaltungsreihe zeigt, dass der Ruhrpott neben Düsseldorf und Köln die dritte, bisher verkannte Karnevalsregion Nordrhein-Westfalens ist. Ob nach dieser Aussage ein »Tätä, tätä, tätä« erklingen sollte, sei mal dahingestellt. Beim Geierabend tragen die Künstler Namen wie »AWO-Oppas«, »Kuballa und Laumann« oder »Wemser und Missgeburt« und zeigen, dass die Originale aus dem Ruhrpott mit jeder Karnevalsfigur mithalten können. 2014 lief das Programm mit dem Titel »Späßchen in der Grube« von

Anfang Januar bis Mitte Februar und war ein voller Publikumserfolg. Eine enorme Leistung, wenn man weiß, dass die erste Vorstellung 1992 vor 36 Zuschauern stattfand. 2015 trug die Veranstaltungsreihe den vielsagenden Titel »Nach uns die Currywurst«.

Cranger Kirmes

Im Vergleich zur Cranger Kirmes in Herne kann das Münchner Oktoberfest einpacken. Eine gewagte Aussage? Im Ruhrgebiet gilt das als Selbstverständlichkeit. Je nachdem, welchen Maßstab man für Volksfeste anlegt, liegt mal das Oktoberfest und mal die Cranger Kirmes vorne. Was im fünfzehnten Jahrhundert als Pferdemarkt begann, ist heute eines der größten Familienfeste Deutschlands. 2014 fand die 579. Cranger Kirmes statt, die auf rund 11 Hektar Platz für über 500 Schausteller bot. Rund 4,3 Millionen Besucher kamen Anfang August auf die 10 Tage dauernde Kirmes. Zum Vergleich: Das Oktoberfest existiert erst seit 1810 und kam 2014 auf ca. 6,3 Millionen Besucher, die auf das rund 34 Hektar große Oktoberfest-Areal strömten. Dafür brauchte die Wiesn jedoch 16 Tage.

Ruhr.CSD

Seit 2003 wehen in Essen alljährlich die Regenbogenfahnen. Jeden Sommer versammeln sich über 10 000 Besucher auf dem Essener Kennedyplatz, um zu feiern und für die Rechte Homosexueller, Bisexueller oder Transgender zu demonstrieren. Das Motto im Jahr 2014 lautete »Liebe.Leben. Queer im Revier!«. Der Ruhr.CSD ist der größte seiner Art im Ruhrgebiet, jedoch nicht der einzige. Der Christopher Street Day wird unter anderem noch in Duisburg und Dortmund gefeiert.

Ruhrfestspiele Recklinghausen

Wenn in den Medien Hollywood und Recklinghausen in einem Atemzug genannt werden, ist wieder Ruhrfestspiel-Zeit. So gaben sich hier in den vergangenen Jahren bereits Kevin Spacey, Charlotte Rampling, Cate Blanchett oder John Malkovich die Ehre. Die Ruhrfestspiele vereinen jedes Jahr aufs Neue bekannte Schauspieler mit hoher Theaterkunst und reichern dies mit einem umfangreichen Programm an Theateraufführungen, Kabarett und Musik an. Zum Abschluss gibt es jedes Jahr ein großes Popkonzert im Stadtgarten mit Künstlern wie »Die Fantastischen Vier«, »BAP« oder Nena. Zur Entstehung der Ruhrfestspiele haben Bergleute der Zeche König

Ludwig 4/5 in Recklinghausen einen entscheidenden Beitrag geleistet. Im Winter 1946/1947 versorgten sie Theatermacher aus Hamburg mit Kohle. Als Dank für diese damals illegale Hilfestellung kam es im Sommer darauf zu einem Hamburger Theatergastspiel in Recklinghausen. Damit war der Grundstein für die Ruhrfestspiele gelegt. Das Haupthaus der Festspiele ist das mit dem Deutschen Architekturpreis ausgezeichnete Festspielhaus Recklinghausen. Oder, wie man seit dem Besuch von Kevin Spacey vielleicht eher sagen sollte, das »Festspielhouse of Cards«.

Ruhrtriennale

Wenn internationale Künstler aus unterschiedlichen Bereichen zusammenkommen, um regionale Industriedenkmäler mit kreativem Leben zu füllen, gelingt das wohl nirgends besser als bei der Ruhrtriennale. Die künstlerische Leitung für das seit 2002 jährlich stattfindende internationale Festival der Künste wird im Rhythmus von jeweils drei Jahren neu vergeben. Von 2012 bis 2014 hatte Heiner Goebbels die künstlerische Leitung. Er machte die Ruhrtriennale zum »Laboratorium und zur offenen Plattform der internationalen Szene«. 2015 übernahm Johan Simons, unter anderem bekannt durch seine Intendanz bei den Münchner Kammerspielen, den Posten. Zu den

Spielstätten, zu denen 2014 über 50 000 Menschen pilgerten, zählen unter anderem die Jahrhunderthalle Bochum, die Kraftzentrale Duisburg oder der mit 1250 Sitzplätzen größte deutsche Filmpalast, die Lichtburg Essen.

Internationale Kurzfilmtage Oberhausen

Wo hat Wim Wenders laut eigener Aussage seine erste Zigarette geraucht und Roman Polanski eine wichtige Station seiner Karriere durchlaufen? Bei den internationalen Kurzfilmtagen Oberhausen, einem der weltweit wichtigsten Festivals dieser Art. Seit über 60 Jahren sind hier bedeutende Regisseurinnen und Regisseure, von Cate Shortland bis George Lucas, in der Frühphase ihres Schaffens zu erleben. Die Bedeutung des Festivals zeigen die rund 6000 eingereichten Filme pro Jahr, von denen ungefähr 500 ins Festivalprogramm aufgenommen werden.

Musikfestivals

Name	Location	Musik-richtung	Zeitraum
Bochum Total	Innenstadt Bochum	Bunt gemischt	Vier Tage im Sommer

Name	Location	Musik-richtung	Zeitraum
Essen Original	Innenstadt Essen	Bunt gemischt	Drei Tage im Sommer
Zeltfestival Ruhr	Zeltstadt, Bochum-Witten	Bunt gemischt	Zweieinhalb Wochen, Ende August/Anfang September
Klavierfestival Ruhr	Gesamtes Ruhrgebiet	Klassik	Von April bis Juli
Juicy Beats	Westfalenpark, Dortmund	Elektro, Indie	Ein bis zwei Tage, Ende Juli
Mayday	Westfalenhalle 1, Dortmund	Techno	Eine Nacht, 30. April
Moers Festival	Festivalhalle, Moers	Jazz	Vier Tage zu Pfingsten
Ruhrpott Rodeo	Am Flughafen Schwarze Heide, Hünxe/Bottrop	Punk	Drei Tage zu Pfingsten
RockHard Festival	Amphitheater, Gelsenkirchen	Hard Rock	Drei Tage zu Pfingsten
Traumzeit Festival	Landschafts-park Nord, Duisburg	Pop, Indie	Drei Tage, Ende Juni

Wer es gerne kuschelig warm hat und ein Dach über dem Kopf zu schätzen weiß, der findet in den Konzerthallen der Region reichlich Auswahl. Denn kaum eine internationale Tour macht einen Bogen ums Ruhrgebiet. Von den »Rolling Stones« und »AC/DC« über Justin Timberlake, Robbie Williams bis zu »Metallica« und den »Red Hot Chili Peppers« war schon so gut wie jeder internationale Top-Act im Ruhrgebiet. Die Punkband »Die Ärzte« lud 2011 zu ihren »XX/XY«-Konzerten in die Westfalenhalle 1, wobei am ersten Abend nur Frauen und am zweiten Abend nur Männer Zutritt zur Halle hatten. Alle weiteren nationalen Acts, von Helene Fischer über »Die Toten Hosen« bis zu Casper und David Garrett, schauen auf so gut wie jeder ihrer Tourneen mehrmals im Ruhrgebiet vorbei.

Wer Clubs und Diskotheken Konzerten vorzieht, kommt im Ruhrgebiet auf seine Kosten. Genauso abwechslungsreich wie die gespielte Musik sind die Namen der einzelnen Lokalitäten, in denen getanzt, gelacht und gefeiert wird: Ballermann 6 (Mülheim an der Ruhr), Goethebunker (Essen), Druckluft (Oberhausen), Alte Hütte (Gelsenkirchen), Hotel Shanghai (Essen), Turock (Essen), Tanzcafé Oma Doris (Dortmund) oder Cage-Club (Bottrop). Und wer danach immer noch nicht genug hat, kann sich einfach nach Bochum aufmachen und im Bermuda-dreieck abtauchen.

Die bekanntesten Konzertstätten

Name	Stadt	Kapazität	Fertig-stellung
Westfalenhalle 1	Dortmund	15 300	1952
König-Pilsener Arena	Oberhausen	12 600	1996
RuhrCongress	Bochum	5000	2003
Turbinenhalle	Oberhausen	3000	1993
Konzerthaus	Dortmund	1500	2002
FZW	Dortmund	1300	2009
Zeche	Bochum	1000	1981
Weststadthalle	Essen	1000	2011
Matrix (ehemals Rockpalast)	Bochum	800	1978
Zeche Carl	Essen	550	1978

Promikultur

Während das Ruhrgebiet bei den Musikfestivals und Konzertstätten gut aufgestellt ist, sieht es bei den Größen der Promikultur eher mager aus. Sie kommen zwar alle gerne ins Ruhrgebiet und freuen sich über das enthusiastische Publikum, aber darüber hinaus gilt hier, selbst beim Großteil der im Ruhrgebiet geborenen Stars, die Parole »Aber hier leben, nein danke«.

Stars & Sternchen

Amerika ist die Heimat der Promikultur, und nirgends ist der Starrummel größer als in Los Angeles oder New York. Deshalb folgt nun, frei nach amerikanischem Vorbild, eine Startour quer durch »Ruhr York«. Von Ost nach West geht es durch die Geburtsorte berühmter Persönlichkeiten oder, um es mit Hape Kerkeling zu sagen, der Heimat bekannter Menschen aus »Film, Funk und vonne Butterfahrten«. Die Reise beginnt in Hamm, wo die Sicherheit zumindest schauspielerisch großgeschrieben wird. Von hier kommt Leonard Lansink, am besten bekannt durch seine Rolle als Privatdetektiv Wilsberg. Einen eigenen Tatort-Kommissar hat die Stadt auch vorzuweisen, nur dass der in Hamm geborene Klaus J. Behrendt seine Fälle als Kommissar Ballauf lieber in Köln löst. Weiter geht es durch den Kreis Unna, in dem der Humorist Bernd Stelter und die Moderatorin Sabine Heinrich das Licht der Welt erblickten. In Dortmund wird es musikalisch, denn hier haben Phillip Boa, der Jazzsänger Theo Bleckmann und der durch sein Mitwirken als FM Einheit bei der Band »Einstürzende Neubauten« bekannte Frank-Martin Strauß ihre Wurzeln. Der an Dortmund grenzende Kreis Recklinghausen hat neben dem berühmtesten Ex-Bademeister Deutschlands, dem »Gladiator« Ralf Möller, auch mit einer anderen

Persönlichkeit Hollywood erobert. Cornelia Funke aus Dorsten hat mit ihrer Tintenwelt-Trilogie eine Romanserie geschaffen, die den Vergleich mit Harry Potter nicht scheuen muss. Hape Kerkeling hat seine im Kreis Recklinghausen verbrachte Jugend unlängst in einem Roman verarbeitet. Weiter geht die Reise über Gelsenkirchen, der Geburtsstadt von Autor Kai Twilfer und dem Rapper Weekend, nach Bochum. Dort gehen nicht nur die echten Fernsehpolizisten Toto & Harry auf Streife, nein, hier erklärt auch der Autor Frank Goosen, warum es »woanders auch scheiße« ist, und ab und zu schauen bestimmt Ingo Naujoks und Bastian Pastewka in ihrem Geburtsort vorbei. Auf nach Essen, der Stadt der Industriebarone. Hier lebten Karl und Theo Albrecht, Friedrich Alfred Krupp, Friedrich Grillo und Heinrich Deichmann. Aus dem angrenzenden Oberhausen stammen der bildende Künstler Fritz Balthaus und der Bildhauer Hermann J. Kassel. Außerdem ist Oberhausen die Geburtsstadt des Regisseurs und Aktionskünstlers Christoph Schlingensief. Die Prominententour durch das Ruhrgebiet findet ihren Abschluss im Kreis Wesel. Dass der ehemalige Chefredakteur der Zeitschrift Finanztest Hermann-Josef Tenhagen hier geboren wurde, ist wahrscheinlich nicht der Grund dafür, dass die am wenigsten verschuldeten Städte des Ruhrgebiets im Kreis Wesel liegen. Obwohl auch der hier geborene Tagesschausprecher Jan Hofer für entsprechende Seriosität steht. All die anderen berühmten Söhne und Töchter ihrer Städte mögen es verzeihen, wenn sie hier nicht namentlich erwähnt wurden. Für Interessierte finden sich im Internet zu fast jeder Stadt im Ruhrgebiet entsprechende Auflistungen, die viele weitere »Ach, der kommt auch von hier«-Momente bereithalten.

Der Ruhrpottfilm

Erst kommt »Bang Boom Bang«, und dann kommt lange nichts. Diesen Kultfilm in Sachen Zuschauergunst zu schlagen dürfte im Ruhrgebiet so gut wie unmöglich sein. »Bang Boom Bang« wird bis heute immer wieder gerne im UCI-Kino Bochum gezeigt – seit mittlerweile 16 Jahren. Allein am Abend des fünfzehnten Jubiläums 2014 wurde der Film in sieben Sälen gleichzeitig gezeigt und lockte über 1500 Besucher an. Insgesamt wurden die wöchentlichen Freitagsvorstellungen im UCI-Kino Bochum von über 50 000 Menschen besucht. »Bang Boom Bang« ist der erste Teil der »Unna-Trilogie« von Peter Thorwarth, zu der noch die Filme »Was nicht passt, wird passend gemacht« und »Goldene Zeiten« gehören. Mit den Filmen »Die Abfahrer«, »Jede Menge Kohle« und »Nordkurve« hat mit Adolf Winkelmann noch ein zweiter Regisseur eine Ruhrpott-Trilogie vorgelegt, die zum größten Teil in

Dortmund spielt. Die Ruhrpottfilme, die den meisten Leuten im Gedächtnis geblieben sind, stammen vor allem aus den achtziger und neunziger Jahren. Hier gibt es Perlen wie »Manta Manta«, »Manta – Der Film« oder »Superstau«, der vor allem durch den von Ralf Richter gespielten Bergmann Hermann Pacholke Kultstatus erlangte. Das Ruhrgebiet hat es auch nicht versäumt, der Softerotik-Welle Ende der siebziger Jahre mit der Filmreihe »Lass jucken, Kumpel« seinen Stempel aufzudrücken. Natürlich wurde dem Fußball reichlich gehuldigt, »Fußball ist unser Leben« mit Uwe Ochsenknecht spielt in Gelsenkirchen und »Nie mehr zweite Liga« mit Dietmar Bär und Peter Lohmeyer in Dortmund. Aber auch die Fußballhistorie wurde vom in Marl geborenen Sönke Wortmann mit »Das Wunder von Bern« gewürdigt. Und dann ist da noch »Theo gegen den Rest der Welt«. Marius Müller-Westernhagen als aus dem Ruhrgebiet stammender Lastwagenfahrer Theo Gromberg versucht, seinen gestohlenen Lkw wiederzubekommen.

Neben Kinofilmen gibt es eine Reihe an Fernsehserien mit Ruhrpottbezug. Allen voran des Deutschen liebste Krimiserie, der Tatort. Hier stellte das Ruhrgebiet mit Götz George in der Rolle des Horst Schimanski einen der bekanntesten Ermittler der Reihe. Während »Schimmi« in Duisburg seine Runden drehte, begab sich Hansjörg Felmy als Kommis-

sar Haferkamp in den siebziger Jahren in Essen auf
Verbrecherjagd. Seit 2012 ermittelt Jörg Hartmann
als Hauptkommissar Faber in Dortmund.

TV-Serien

Name	Genre	Laufzeit	Handlungsort
Heldt	Krimi	2013–heute	Bochum
Die LottoKönige	Humor	2012–heute	Essen
Der letzte Bulle	Krimi	2010–2014	Essen
Alles Atze	Humor	1999–2006	Essen
Balko	Krimi	1995–2006	Dortmund
Rote Erde	Familie	1983	Gesamtes Ruhrgebiet
Hans im Glück aus Herne 2	Familie	1983	Wanne-Eickel
Manni, der Libero	Familie	1982	Bochum
Die Pawlaks	Familie	1982	Gesamtes Ruhrgebiet
Tour de Ruhr	Familie	1981	Gesamtes Ruhrgebiet
Ein Herz und eine Seele	Humor	1973–1976	Bochum

Ruhrpottmucke

Wer ist der bekannteste im Ruhrgebiet geborene Musiker? Wer jetzt an Herbert Grönemeyer denkt, liegt falsch. Herbert Grönemeyer ist in Göttingen geboren und kam erst im Alter von etwa einem Jahr nach Bochum. So gesehen ist er dann doch wieder ein Bochumer Junge, der »seiner« Stadt mit dem Album »4630 Bochum« für alle Zeiten ein Denkmal gesetzt hat. Heute gehört Grönemeyer zu den beliebtesten deutschen Musikern und füllt auf seiner Tour jede Halle, egal welcher Größe. Während der Herbert vor allem in deutschsprachigen Ländern Erfolge feiert, ist der in Lünen geborene und in Berlin lebende Max Raabe auf den Bühnen der Welt unterwegs und füllt mit seinem Palastorchester selbst die Carnegie Hall in New York. Und dann gibt es noch Nena, die in Hagen geboren wurde, und Wolfgang Petry, der, obwohl er aus Köln stammt, den Ruf der Region in den neunziger Jahren nachhaltig prägte und in seiner Karriere rund 10 Millionen Tonträger verkaufte. Weiß der Geier oder weiß er nicht, wie das Ruhrgebiet einerseits Wolfgang Petry feiern und andererseits mit Kreator eine der weltweit renommiertesten Thrash-Metal-Bands hervorbringen konnte. Die aus Essen stammende Band um Mille Petrozza verzückt die Gemeinde seit Jahren mit Alben wie »Pleasure to kill«, »Enemy of god« oder »Phantom Antichrist«.

Unberührt von der Metal-Szene blüht der Schlager im Revier, und die Beine werden zum Discofox von Eigengewächsen wie Michael Wendler oder Olaf Henning geschwungen. Und wenn diese Mischung auf die harten Bässe der alljährlich in Dortmund stattfindenden Techno-Party »Mayday« trifft und die Großeltern zu Hause eine Platte des verstorbenen Ruhrpott-Tenors Rudolf Schock auflegen, ist der Klangteppich der Region voll ausgebreitet.

Wohnkultur & Architektur

»Guck mal hier, Gelsenkirchener Barock!« – dieser Ausruf ist wohl auf so gut wie jedem deutschen Flohmarkt schon mal zu hören gewesen. Die Wohnkultur im Ruhrgebiet hat sich einen ganz eigenen Ruf erarbeitet. Doch woher stammt der oft zitierte Gelsenkirchener Barock? Die »Frankfurter Allgemeine Zeitung« ist der Sache auf den Grund gegangen. Der Ursprung liegt demnach um das Jahr 1925. Damals wurde aus der Bahnhofsstraße Gelsenkirchen die erste Einkaufsstraße des Ruhrgebiets. Die expressionistische Architektur der Kaufhäuser, kombiniert mit Zechentürmen am Horizont und weiteren Prachtbauten aus dem achtzehnten Jahrhundert, sorgte für eine einzigartige Mischung: den Gelsenkirchener Barock. Richtig Fahrt nahm die

Begrifflichkeit aber erst mit dem Einzug monströser Schrankwände in die Wohnstuben auf. Ergänzt durch gehäkelte Tischdecken, einen Stoffüberzug für das Wahlscheibentelefon und ein Ölgemälde in der Variante röhrender Hirsch oder Alpenpanorama, entstand so ein Einrichtungsstil, der bis heute als Gelsenkirchener Barock verschrien ist. Dabei wollten die Arbeiterfamilien damals nur zeigen, was sie hatten. Und so einen Schrank ins Wohnzimmer zu wuchten war schon mal eine Ansage. Viele dieser Schränke leben noch heute, entweder weil es schlicht unmöglich ist, sie wieder aus den Wohnungen herauszubekommen, oder weil sie einfach extrem robust und praktisch sind. Denn wer einmal versucht, eine seit Jahren vollgeräumte, massive Schrankwand zu entrümpeln, wird sich spätestens auf halber Strecke fragen, wohin mit dem ganzen Zeug, und alles entnervt zurücklegen. Natürlich waren im Ruhrgebiet nie alle Wohnungen so eingerichtet, und heute trifft das noch weniger zu. Von hippen Studenten-WGs über architektonisch ausgefeilte Luxuswohnungen bis zum gardinenbehangenen Spießerambiente ist alles dabei. Aber wenn die Wohnungseinrichtungen schon nicht das halten, was der Gelsenkirchener Barock verspricht, ist doch wenigstens Verlass auf die Arbeitersiedlungen, oder?

Arbeitersiedlungen

Zu vielen Arbeitersiedlungen gehörte früher eine Bergmannskuh. Wer jetzt denkt, das sei eine liebevolle Bezeichnung für die Ehefrau des Bergmanns, der irrt. Die Wahrheit liegt im Grünen. Denn viele Häuser in den Arbeitersiedlungen hatten Gärten, inklusive kleinem Stall. Und dort wohnte die Bergmannskuh. Wer genauer hinschaute, stellte schnell fest, dass es sich bei der Kuh um eine Ziege handelte. Diese Hausziegen versorgten die Bergbaufamilien mit Milch. In Herne wurde der Bergmannskuh sogar ein eigenes Denkmal am Marienhospital gesetzt. Arbeitersiedlungen gibt es im Ruhrgebiet in Hülle und Fülle. Die bekannteste dürfte die Margaretenhöhe in Essen sein. Die Gartenstadt Margaretenhöhe wurde zu Beginn des zwanzigsten Jahrhunderts für rund 16 000 Menschen konzipiert, die in für damalige Zeit gut ausgestatteten Häusern lebten. Ein Grund für die gute Ausstattung war wahrscheinlich, dass es sich um keine reine Arbeitersiedlung handelte. Vom Beamten bis zum Kumpel tummelten sich dort unterschiedliche Berufsstände. Die Häuser sind bis heute architektonische Hingucker geblieben, und der kleine Marktplatz der Siedlung beherbergt nach wie vor mittwochs und samstags einen beschaulichen Wochenmarkt. Und wer einmal inmitten einer ehemaligen Arbeitersiedlung übernachten möchte, hat im Stadt Hotel Margaretenhöhe in Essen die Chance dazu. Die 1846 gegründete Siedlung Eisenheim in Oberhausen ist die älteste Arbeitersiedlung des Ruhrgebiets und hat vor allem durch die mehrteilige WDR-Dokumentation »Die Helden von Eisenheim« über das Leben der Ruhrpottrentner Gustav und Manni Heldt überregionale Bekanntheit erlangt. Der unter Denkmalschutz stehenden Siedlung ist ein eigenes Museum gewidmet.

Burgen & Schlösser

Wer die Arbeitersiedlungen auf dem Weg in die Vergangenheit hinter sich lässt, wird bei einer Fahrt durchs Ruhrgebiet für eine Industrieregion unerwartet viele Schlösser und Burgen entdecken. Da die Zeiten mittelalterlicher Schlossherren bekanntermaßen vorbei sind, werden die Lokalitäten heute für andere Anlässe genutzt.

Burg Blankenstein Hattingen

Wer wie ein Ritter auf einer Burg speisen möchte, hat auf Burg Blankenstein in Hattingen die Gelegenheit dazu. Es werden verschiedene Events von Hochzeiten über Abibälle bis Firmenfeiern angeboten. Die wahren Attraktionen dürften aber die in unterschiedlichen Varianten angebotenen Rittermahle sein, bei denen Zeremonienmeister Tunichtgut von Friedeborg die Gäste mit den Tischsitten des Mittelalters vertraut macht. Heute sind solche Mahle nur im Rahmen von Events zu erleben, ganz im Gegensatz zum Gründungsjahr der Burg 1226. Sie gehört heute der Stadt Bochum. Diese ließ das Gebäude sanieren und machte auch den rund 30 Meter hohen Turm wieder zugänglich. Von dort haben Besucher einen besonderen Blick über das angrenzende Ruhrtal.

Schloss Horst

Das Schloss Horst dient der Stadt Gelsenkirchen seit 1999 als Kultur- und Bürgerzentrum. Neben einer Dauerausstellung zum Thema »Leben und Arbeiten in der Renaissance«, einem italienischen Restaurant und ausreichend Raum für Veranstaltungen fehlt ein Mittelalter- und Renaissancefest natürlich auch nicht. Aber auch Vorträge und Theateraufführungen finden hier statt. Das Renaissanceschloss Horst gilt als einer der ältesten und bedeutendsten Renaissancebauten Westfalens. Es wurde vor etwa 20 Jahren saniert und teils neu gebaut.

Hohensyburg Dortmund

Wer an die Hohensyburg denkt, hört wahrscheinlich schon die Roulettekugel rollen. Denn in der Nähe der Ruine der Hohensyburg steht die gleichnamige Spielbank. Neben der Erkundung der Überreste der um das Jahr 1100 aus Ruhrsandstein erbauten Burg kann der etwa 20 Meter hohe Vincke-Turm aus dem Jahr 1857 bestiegen werden. Darüber hinaus befinden sich auf dem Areal das 1903 erbaute Kaiser-Wilhelm-Denkmal und die St. Peter Kirche, deren Geschichte bis 776 zurückreicht. Wer sich weniger für Geschichte interessiert, kann den Ausblick genießen oder sich bei einer Partie Minigolf in der angrenzenden Anlage voll und ganz auf die Gegenwart konzentrieren.

Schloss Lembeck

Im Gegensatz zu vielen anderen Schlössern des Ruhrgebiets gehört das Schloss Lembeck keiner Stadt, sondern befindet sich seit Jahrhunderten in Familienbesitz. Die Historie des im Naturpark Hohe Mark gelegenen Schlosses reicht zurück bis 1177. Interessierte können das Heimatmuseum besuchen und eine Führung durch die Räumlichkeiten des Schlosses mitmachen. Im Mai und Juni erwartet Besucher im Schlosspark ein buntes Spektakel, wenn die rund 150 Rhododendren erblühen.

Schloss Gartrop

Was den Österreichern ihr Schloss am Wörthersee,
ist dem Revier sein Schlosshotel Gartrop in Hünxe.
Der Grundstein des Schlosses wurde im dreizehnten
Jahrhundert gelegt. Rund 700 Jahre später, im Jahr
2004, war das einst imposante Bauwerk vom Verfall
bedroht und von einem urwüchsigen Schlossgarten
umwuchert. Nachdem der heutige Eigentümer das
Schloss gekauft hatte, erstrahlte es keine drei Jahre
später in neuem Glanz. Heute befinden sich auf
dem Gelände, neben Schloss und Schlosspark, eine
Kapelle, in der auch kirchliche Trauungen möglich
sind, sowie ein Restaurant.

Brücken

Wenn die Brücken im übrigen Deutschland schon
zu einem großen Teil marode sind, dann müssten sie
im verschuldeten Ruhrpott doch längst zusammen-
gekracht sein, oder? Diese Frage klingt zunächst berechtigt, aber auch hier schlägt das Ruhrgebiet dem
Klischee ein Schnippchen.

Slinky Springs To Fame Oberhausen

Wer den Namen vorher nie gehört hat, würde wohl
nicht darauf kommen, dass sich hinter Slinky Springs

To Fame eine Brücke in Oberhausen verbirgt. Obwohl, Brücke ist leicht untertrieben. Es handelt sich vielmehr um ein Kunstwerk von Tobias Rehberger. Die Brücke führt über den Rhein-Herne-Kanal und verbindet mit einer Länge von rund 400 Metern den Kaisergarten mit der Emscher-Insel. Es handelt sich dabei um eine reine Fußgängerbrücke, die aussieht wie ein bunter, von einer großen Sprungfeder ummantelter Steg. Besonders in der Dunkelheit, wenn die Brücke mit Hilfe von LEDs von unten und oben zum Leuchten gebracht wird, bietet sie einen imposanten Anblick.

Regenbogenbrücke Dortmund

Wer über die B 1 nach Dortmund fährt oder von Dortmund kommt, wird sich vor allem im Dunkeln am Anblick der Regenbogenbrücke erfreuen. Die heutige Variante ist bereits die dritte Inkarnation. Begonnen hat alles 1987, als der Künstler Thomas Haagen mit weiteren Künstlern die Brücke ohne behördliche Genehmigung einfärbte. Nach einer Anzeige wegen Sachbeschädigung musste die Farbe zunächst entfernt werden, bevor die Brücke aufgrund positiver Resonanz aus Öffentlichkeit und Politik schlussendlich doch amtlich genehmigt in Regenbogenfarben erstrahlen durfte. Diese zweite Inkarnation der Brücke, die als erste Regenbogenbrücke einen Eintrag ins Guinness-Buch der Rekorde bekam, wurde 2008 aufgrund von Umbauarbeiten der B 1 abgerissen. Wenige Monate später wurde der Neubau der Regenbogenbrücke eingeweiht. Seitdem erhellt die Brücke mit ihrem freudigen Farbspektrum nicht nur die nächtliche Fahrbahn, sondern ist für Radfahrer und Fußgänger eine direkte Verbindung über die B 1 hinweg zur Technischen Universität Dortmund.

Viadukt Herdecke

Wer mit der Volmetalbahn von Dortmund nach Hagen fährt, kommt in den Genuss einer ganz besonderen Brückenfahrt. In knapp 30 Meter Höhe geht es über das Ruhrviadukt Herdecke, zu dessen Erbauung im neunzehnten Jahrhundert über 24 000 Kubikmeter Mauerwerk errichtet wurden. Die Brücke ist über 300 Meter lang und besteht aus 12 halbkreisförmigen Bögen, die den Harkortsee zwischen Herdecke und Hagen überspannen. Aber auch aus der Ferne betrachtet bietet die Brücke ein beeindruckendes Motiv für Fotografen und Brückenliebhaber.

Mintarder Brücke

Eine Brücke, die besonderer Pflege bedarf, ist die von rund 80 000 Fahrzeugen täglich frequentierte Mintarder Brücke in Mülheim an der Ruhr. Als die Brücke 1966 eröffnet wurde, rechnete von den Verantwortlichen wohl niemand mit einem derart rasanten Verkehrsanstieg in den folgenden Jahrzehnten. Von der Planung bis zur Eröffnung vergingen vier Jahre, und bei den anspruchsvollen Bauarbeiten ließen drei Männer ihre Leben. Die längste Stahlbrücke Deutschlands wurde zuletzt 2013 saniert.

Hundebrücke Essen

Vom Namen her ist der Zweck der Hundebrücke eine klare Sache, aber so einfach liegen die Dinge im Ruhrgebiet dann doch nicht. »Hunde« ist in der Bergmannsprache eine andere Bezeichnung für Loren. Und genau für diese Schienenwagen wurde die Brücke erbaut. Mit ihrer Hilfe konnten Steine aus den Voßnacker Steinbrüchen in Loren oder, besser gesagt, in Hunde verladen und über den Deilbach zur Eisenbahn transportiert werden. Die Brücke wurde Ende des neunzehnten Jahrhunderts aus Ruhrsandstein und Stahl erbaut und ist heute für Fahrradfahrer und Fußgänger weiterhin nutzbar. Die Hundebrücke gilt als eine der ältesten noch erhaltenen Brücken aus der Zeit der Industrialisierung des Ruhrgebiets.

RUHR.2010 – Kulturhauptstadt Europas

2010 wurde keine einzelne Stadt, sondern eine ganze Region Kulturhauptstadt. Die Stadt Essen übernahm stellvertretend den Titel »RUHR.2010 – Kulturhauptstadt Europas«. Unter dieser Überschrift feierte das Ruhrgebiet das größte Fest aller Zeiten. Es rief sein gesamtes kreatives Potential ab, viele der damals initiierten Projekte wirken bis heute nach. Die Spanne der Veranstaltungen reichte von der Einbeziehung jährlicher Events wie der Extraschicht über spezielle Ausstellungen aus fast allen Kunstbereichen bis zu einzigartigen Tagesveranstaltungen mit Millionenpublikum. Beim »TWINS«-Projekt traten über 1700 Gruppen und Vereinigungen aus den Sparten Kultur, Bildung und Politik an, um die Kulturhauptstadt 2010 aktiv mitzugestalten und in rund 100 Projekten die kulturelle Vielfalt Europas darzustellen. Das »TWINS«-Projekt gilt als eines der größten Kreativnetzwerke Europas. Für besonderes Aufsehen sorgten die Leuchtturm-Veranstaltungen wie das »Still-Leben« auf der A 40 oder die Schachtzeichen, die sich fest im kollektiven Gedächtnis der Region verankert haben. Aber neben all den positiven Momenten werden auch die bitteren Erinnerungen an die Loveparade-Katastrophe in Duisburg für immer ein Teil des Kulturjahres 2010 bleiben.

Still-Leben

Das »Still-Leben« war die mit Abstand imposanteste Veranstaltung des Kulturjahres 2010. Am Sonntag, dem 18. Juli 2010, wurde die Hauptverkehrsader des Reviers, die A 40, von Dortmund bis Duisburg gesperrt und die längste Tafel der Welt errichtet. Auf rund 60 Kilometern standen an einem Tag 20 000 aneinandergereihte Tische. Die Plätze an diesen Tischen waren heiß begehrt und an eine bestimmte Bedingung geknüpft. Jeder, der sich um einen Platz bewarb, hatte die Aufgabe, die vorbeikommenden Menschen mit einem eigenen Kulturbeitrag zu unterhalten. So konnte hier typische Ruhrpottkost probiert, Gesang gelauscht oder das Vereinswesen der Region bestaunt werden. Während auf der einen Spur das Leben rund um die Tische tobte, war die Gegenfahrbahn für Bewegung reserviert. Hier durften die Besucher für einen Tag erleben, wie es sich anfühlt, mit allem was Räder, aber keinen Motor hat, über die Fahrbahn zu düsen. Und wie es der Zufall so wollte, schien durchgehend die Sonne, so dass die rund 3 Millionen Besucher den Tag trockenen Fußes erleben konnten.

Schachtzeichen

Rund 350 gelbe Ballons mit einem Durchmesser von knapp vier Metern stiegen im Mai 2010 in den Himmel. Fest verankert tanzten sie im Wind, und jeder, der in dieser Zeit durchs Ruhrgebiet fuhr, hatte nur eine Sache im Kopf: Schachtzeichen erspähen. Mal konnte man sie von der Autobahn aus erkennen, mal musste man eine Anhöhe erklimmen, mal brauchte man nur das eigene Fenster zu öffnen. Als die Ballons auf den ehemaligen Schächten des Ruhrgebiets im Rahmen der Nacht-Schachtzeichen nachts zu leuchten begannen, gab es in der Region kein Halten mehr. Zehntausende kamen und nahmen lange Wartezeiten in Kauf, um auf einen der begehrten Aussichtspunkte zu kommen, oder veranstalteten ganz einfach spontane Partys unter den leuchtenden Ballons. Damit die Ballons sich nicht selbständig machten oder jemand Unfug mit ihnen anstellte, gab es eine Menge ehrenamtlicher Ballon-Patinnen und -Paten, die Besucher und Ballons gleichermaßen umsorgten.

!Sing – Day Of Song

Den »!Sing – Day Of Song«, der 2010 ins Leben gerufen wurde, gibt's immer noch. Im September 2014 fand bereits der dritte »Day of Song« in der Metropole Ruhr statt. Die Grundidee ist so schön wie einfach: Die Metropole soll zum Singen gebracht werden. 2010 gaben über 25 000 Sängerinnen und Sänger aus über 760 Gesangsensembles in 49 Städten ihre Gesangskunst zum Besten. An vier Tagen fanden über 600 Auftritte statt, und Millionen von Menschen wurden zum Singen animiert. Zu diesem Zweck wurde am 5. Juni 2010 landesweit ein Radiosignal geschaltet, das alle Zuhörer zum gleichen Zeitpunkt zum Mitsingen aufforderte. Angestimmt wurden der Ruhrpottklassiker schlechthin, »Glück auf«, und die extra für das Kulturjahr 2010 von Herbert Grönemeyer komponierte Hymne »Komm zur Ruhr«.

Local Heroes

»52 Wochen – 52 Städte«, so lautete die Parole. Jede Woche füllte eine andere Stadt die Ideen des Kulturjahres auf unterschiedliche Art und Weise mit Leben. Den Anfang machte Dinslaken im Januar, bevor nach 52 kulturellen Wochen Hünxe im Dezember das Licht des Kulturjahres ausmachte. Dank dieses Konzeptes gab es auch abseits der großen Städte Lesungen, Theateraufführungen, Ausstellungen, Feste und Kunstaktionen zu erleben und besichtigen, und jede Stadt konnte sich zu Recht als Teil der Kulturhauptstadt 2010 fühlen. Und wer sich jetzt denkt »Moment mal, zur Metropole Ruhr gehören doch 53 Städte!«, der hat recht. Die dreiundfünfzigste Stadt war Essen und ganzjährig mit zahlreichen Aktionen am Kulturjahr beteiligt.

Kulturkanal

Nachdem mit der A 40 eine der wichtigsten Autobahnen für einen Tag zur Kulturstätte wurde, war
es nur konsequent, auch den Rhein-Herne-Kanal in
das Kulturjahr 2010 einzubeziehen. Doch wie sollte
das bei einer vor allem industriell geprägten Wasser-
straße funktionieren? Ganz einfach, indem man das
Motto der Kulturhauptstadt »Wandel durch Kultur –
Kultur durch Wandel« in die Tat umsetzte. Rund um
den Rhein-Herne-Kanal wurde eine 70 Kilometer
lange Strecke vom Duisburger Innenhafen bis zum
Dattelner Meer zum Kulturkanal. In enger Zusammenarbeit brachten die am Wasser liegenden Städte
Kultur an und auf den Kanal. Lichterfahrten, Chöre
auf dem Wasser, Freiluftausstellungen und künstlerische Darbietungen entlang des Ufers waren das
Ergebnis. Die Initialzündung 2010 war ein voller
Erfolg, und so erlebte der Kulturkanal zum hundert-
jährigen Jubiläum des Rhein-Herne-Kanals 2014
bereits seinen fünften Geburtstag. Über 120 000 Besucher strömten an die wassernahen Veranstaltungs-
orte und informierten sich in Ausstellungen über die
Geschichte des Kanals, fuhren selbst auf dem Wasser,
hörten Live-Musik oder schauten sich Aufführungen
an.

Loveparade

Was als fröhliche Jugendparty des Kulturjahres gedacht war, endete in einer der größten Katastrophen in der Geschichte des Ruhrgebiets. Die Loveparade war kein speziell für das Kulturjahr erdachtes Konzept, sondern nach ihrem Umzug von Berlin ins Ruhrgebiet bereits ohne Komplikationen 2007 in Essen und 2008 in Dortmund veranstaltet worden. Die Veranstalter der »RUHR.2010« unterstützten die für Duisburg geplante Veranstaltung. Am 24. Juli 2010 kam es zur Katastrophe durch eine Massenpanik: 21 Tote, über 500 Verletzte und unzählige psychisch in Mitleidenschaft gezogene Besucher und Angehörige. Die Gerichtsverfahren zur Klärung der Schuldfrage dauern bis heute an. Zur Erinnerung an die Toten wurde in Duisburg eine über zehn Tonnen schwere Stahlkonstruktion an der Ostseite des Karl-Lehr-Tunnels errichtet.

Ruhrpottküche

Obwohl das Ruhrgebiet auch bei der Kochkunst seinem Klischee weit voraus ist, gibt es sie natürlich noch, die klassische Ruhrpottküche von Frikadelle bis Currywurst. Wenn man genau hinschaut, hat sich die Imbissbudenkultur nicht nur im Ruhrgebiet, sondern in fast jeder größeren deutschen Stadt durchgesetzt. An jeder guten Currywurstbude der Republik stehen Jogginghose und Anzug friedlich nebeneinander. Nur assoziiert man Currywurst mit keiner anderen Region so sehr wie mit dem Ruhrgebiet. Na gut, Berlin soll auch einen gewissen Ruf haben. Aber mal ehrlich: Schon allein die Frage »Mit oder ohne Darm?« ist ein Frevel. Dabei ist der Ruhri an sich fremden Genüssen nicht abgeneigt. Durch die vielen Gastarbeiter unterschiedlicher Nationalitäten, die in den Hochzeiten der Montanindustrie ins Ruhrgebiet strömten, wurde er schon früh von den Köstlichkeiten der italienischen, griechischen oder auch türkischen Küche überzeugt. Die Freude an leckerem Essen spiegelt sich auch in den unzähligen kulinarischen Meilen und Festen wider, die fast jede größere Ruhrgebietsstadt im Sommer aufbietet.

Der Pferdeklops

Zum Schrecken vieler Pferdefreunde ist der Pferdeklops genau das, wonach er sich anhört: ein Klops oder besser gesagt eine Frikadelle aus Pferdefleisch. Woher kam der Gedanke, das Pferd als Lebensmittel zu betrachten? Zu der Zeit, als Pferde nach und nach durch Trecker ersetzt wurden, entschlossen sich ärmere Familien aus der Not heraus dazu, ihre Pferde zu schlachten. Bis heute gibt es noch vereinzelte Pferdemetzger im Ruhrgebiet, deren Palette von Gulasch über Rossbraten bis zum Fohlenschnitzel reicht. Nicht zu vergessen, dass die ursprüngliche Variante des westfälischen Sauerbratens aus Pferdefleisch besteht und heute in vielen Regionen noch so gegessen wird.

Taubensuppe

Die gibt es nicht? Aber sicher doch. Die Suppe gilt als sehr gesund und soll sogar der Hühnersuppe bei der Stärkung des Immunsystems überlegen sein. Woher die Taubensuppe kommt, dürfte klar sein. In einer Region, in der die Brieftaubenzucht blühte, war vor allem in ärmeren Zeiten der Weg in den Kochtopf nicht mehr weit.

Panhas

Panhas oder auch Pannas hat im Ruhrgebiet sogar ein eigenes Fest. Das Hattinger Panhasfest. Im Prinzip gehört Panhas, genau wie Leberwurst, zu den Lebensmitteln, bei denen man lieber gar nicht wissen möchte, woraus sie bestehen. Der Name Wurstebrot beschreibt die Optik des Panhas recht gut, wobei sich hier noch die Geister scheiden, ob das Münsterländer Wurstebrot und der Ruhrgebiets-Panhas nicht im Prinzip das Gleiche sind. Denn je nach Region gibt es nicht nur verschiedene Namen, sondern auch unterschiedliche Herstellungsarten, die Zutaten wie Knochenbrühe, Schweineblut oder auch Rindfleisch und Brühwurst enthalten. Panhas kann als warme Speise zum Beispiel mit Kartoffelpüree und Sauerkraut gegessen werden, taugt abgekühlt aber auch als Brotbelag.

Blinder Fisch

Der Blinde Fisch ist kein exotisches Meerestier, sondern ein einfacher und kostengünstiger Ruhrpottklassiker, bestehend aus den Hauptzutaten Zwieback, Milch und Ei. Wie soll daraus nun ein leckeres Gericht entstehen? Indem man die Zwiebacke in Milch einweicht, die Eier mit Milch und Salz verrührt, Butter in einer Pfanne erhitzt, zunächst etwas Eimasse in die Pfanne gibt, dann die eingeweichten Zwiebackscheiben hinzugibt und darüber das restliche Ei ausgießt. Sobald das Ei gestockt ist, ist der Verwandlungsprozess vom Zwieback zum Blinden Fisch abgeschlossen, und das Mahl kann beginnen. Woher der Blinde Fisch seinen Namen hat, ist nicht überliefert. Das Rezept ist in leicht abgewandelter Form auch als »Armer Ritter« oder »French Toast« bekannt.

Eintopf

Früher galt im Ruhrgebiet das ungeschriebene Gesetz, dass eine Frau nur dann zur Ehefrau taugt, wenn sie einen guten Eintopf auf den Tisch bringt. Eintöpfe gibt es in unzähligen Varianten, ob als Möhrengemüse, Stielmus, Fitzebohnen, Wirsing, mit Kartoffeln gestampft oder eher suppig in der Variante Erbse oder Linse. Der Eintopf, auch »Durcheinander« genannt, hat den Vorteil, dass er günstig ist, satt macht und bei richtiger Lagerung viele Tage hält. Bis heute kommen Kinder des Ruhrgebiets, die es ins Exil verschlagen hat, nur wegen des Eintopfs der Eltern oder Großeltern zurück ins Ruhrgebiet, um wieder ein Stückchen Heimat auf den Löffel zu bekommen.

Darüber hinaus gibt es zahlreiche einfache Klassiker wie Frikadellen, Kartoffelsalat, Reibeplätzchen mit Apfelmus oder Rouladen »made by Oma«, die die kulinarische Sicht auf das Ruhrgebiet viele Jahre lang prägten. Doch wie das so ist mit den Vorurteilen, meistens ist in Wahrheit doch alles anders, als es zunächst scheint.

Die Currywurst

Wo gibt es die beste Wurst, wo die schärfste, und wer kann das noch essen? Über die Currywurst wurden

Lieder gesungen, Bücher geschrieben, Theaterstücke aufgeführt und Doktorarbeiten verfasst. Die »schärfste Currywurst der Welt« gibt es nach eigener Aussage bei »Die Currywurst« in Wanne-Eickel. Die Bude ist regelmäßig in bundesweiten Medien zu sehen, denn hier werden Currywurstesser vor besondere Herausforderungen gestellt. Der Schärfegrad reicht von »Gnadenlos« bis »Gesundheitsgefahr«. Dem Wettbewerbsgedanken wird außerdem gern durch Wettgrillen und Verzehrwettbewerbe reichlich Platz geboten. Wer einfach eine gute Currywurst zu sich nehmen möchte, der hat im Ruhrgebiet die Qual der Wahl. Schätzungen gehen von rund 400 Pommesbuden in der Region aus. Aus diesem Grund gibt es einen eigenen »Pommesführer Ruhr«, der regelmäßig aktualisiert die kultigsten Buden des Reviers beschreibt. Denn nur wenn Wurst, Soße, Getränk und Ambiente harmonieren, stellt sich das optimale Currywurst-Erlebnis ein. Deshalb nun eine Auswahl an Imbissbuden von Kult bis Sternekoch.

Bratwursthaus Bochum

Die Kultbude schlechthin ist das Bratwursthaus am Engelbertbrunnen mitten auf der Bochumer Kneipenmeile Bermudadreieck. Hier wird »die Echte« der Fleischerei Dönninghaus serviert. Zusammen mit der hauseigenen Currysoße entfaltet sich ein Geschmackserlebnis, für das schon viele große Umwege in Kauf nahmen. Mittlerweile ist daraus ein kleines Merchandising-Imperium entstanden, hier gibt's nämlich nicht nur Würste und Soßen zu kaufen, sondern auch Bratwurstpiekser und »Wurst-Gruß-karten«.

Imbiss Speckmann

Der Imbiss Speckmann in Herne ist zwar vor allem für seinen Backfisch berühmt, aber wer sich hier auf eine Currywurst einlässt, wird nicht enttäuscht. Das Rezept der Soße ist, wie alle guten Currysoßen-rezepte, streng geheim. Ein Blick genügt aber, um zu erkennen, dass die Soße mit Gürkchen angereichert und in gepflegtem Ambiente auf, man möchte fast sagen, international anmutendem Geschirr serviert wird. Von außen betrachtet kommt kaum jemand an der gelb-roten Bude vorbei, die ein wenig an ein amerikanisches Diner erinnert.

Profi-Grill Wattenscheid

Der Name ist Programm. Denn hinterm Grill steht ein echter Profi, Raimund Ostendorp, ehemaliger Demi-Chef de Cuisine des Schiffchens in Düsseldorf. Es gibt kaum eine Fernsehsendung oder eine Zeit-schrift, die noch nicht über Ostendorps Wechsel von der Seite des Drei-Sterne-Kochs Jean Claude Bourgueil zur Imbissbude nach Bochum-Wattenscheid berichtet hat. Dem Imbissbudenbesucher kann das nur recht sein. Alles wird von Meisterhand zubereitet, die Schnitzel werden in der Pfanne gebraten, und die Currywurst besticht durch eine pikante Soße.

Curry Heini Waltrop

Mit unzähligen Auszeichnungen überhäuft, gehört die in den sechziger Jahren von Heini Höver eröffnete Bude zu den Klassikern des Reviers. Nach rund vierzig Jahren im Dienste der Currywurst hat Vater Heini 2005 die Geschäfte an seinen Sohn Ludger übergeben. Dieser hält sich an das Erfolgsrezept seines Vaters, hausgemachte Soßen, leckere Wurst, und das alles serviert mit einer ordentlichen Portion Ruhrpott-Charme.

Müllers auf der Rü

Der durch zahlreiche Fernsehauftritte bekannte Nelson Müller hat in Essen-Rüttenscheid mit dem Müllers auf der Rü ein Imbiss-Restaurant der besonderen Art geschaffen. Das Motto »ehrliche Hausmannskost zu bodenständigen Preisen« wird hier mit Leben gefüllt. Neben Ruhrpott-Klassikern wie Currywurst, Frikadelle oder halbe Hähnchen findet sich eine große Auswahl weiterer Hausmannskost von Käsespätzle bis Leberkäs und Hamburger Backfisch auf der Speisekarte. Wer es etwas edler mag, ist im nahe gelegenen zweiten Restaurant von Nelson Müller, der Schote, ebenfalls gut aufgehoben.

Bierregion Ruhrgebiet

Fehlt noch das passende Getränk. Und das kann im Ruhrgebiet nur Bier heißen. Schon wieder ein Klischee? Nicht ganz, denn das Ruhrgebiet galt viele Jahre als die Bierregion Deutschlands. In Dortmund wurden bis in die siebziger Jahre über 7 Millionen Hektoliter Bier pro Jahr gebraut. Bekannte ehemalige und noch existierende Biermarken aus dem Ruhrgebiet sind Brinkhoff's, Hövels, Kronen, DAB, Stauder oder König-Pilsener. Mit dem Zechensterben und der einsetzenden Globalisierung gingen die Arbeiter, und die Nachfrage nach Bier sank fast im gleichen Maß, wie mit den Jahren der Trend zum gesunden Leben zunahm. An die gute alte Brauereizeit erinnert das Brauerei-Museum Dortmund auf dem Gelände der Actien-Brauerei. In Bochum lädt die Privatbrauerei Moritz Fiege interessierte Biertrinker zur »BrauKultTour« ein und erfreut im Sommer die Bewohner Bochums mit Open-Air-Kino im eigenen Innenhof. Der politisch korrekte Hinweis auf die vielen alkoholfreien Biersorten und Softdrinks wie die »Ruhrpott Kohla« darf an dieser Stelle natürlich nicht fehlen.

Die neue Ruhrpottküche

Wo es Veganer und Vegetarier früher im Ruhrgebiet schwer hatten, sieht die Lage heute anders aus. Kaum eine öffentliche Veranstaltung kommt ohne vegane oder vegetarische Essensstände aus, die, je nach aktuellem Fleischskandal, häufig die längsten Warteschlangen aufweisen. In vielen größeren Ruhrgebietsstädten gibt es vegane Supermärkte mit Verkaufsflächen von bis zu 200 Quadratmetern, und auch sonst sprießen vegane und vegetarische Restaurants wie die dort servierten Pilze aus dem Boden. Man munkelt, bei manchen Restaurants wäre ein Unterschied zwischen veganer und echter Currywurst kaum zu erschmecken. Aber für Gourmets, die nicht ganz auf Fleisch verzichten möchten und nicht gerne in Imbissbuden speisen, hier eine Auswahl an Restaurants, die vom Guide Michelin mit mindestens einem Stern ausgezeichnet wurden.

Restaurant Rosin

Der aus verschiedenen TV-Formaten bekannte, in Dorsten geborene Frank Rosin hat sich mit seinem Team im Rosin Dorsten zwei Sterne erkocht. Der

Guide Michelin spricht von hervorragend kreativer Küche und einem besonders angenehmen Restaurant mit attraktiver Weinkarte.

Résidence

In Essen Kettwig hat Berthold Bühler mit seinen Chefköchen Erik Arnecke und Eric Werner im Résidence zwei Sterne errungen. Der Guide Michelin lobt die kreativen Highlights, die hier durchdacht und exakt mit klassischen Elementen verbunden werden.

Goldener Anker

Das zweite Sternelokal in Dorsten ist der Goldene Anker von TV-Koch Björn Freitag. Laut Guide Michelin mischen hier Björn Freitag und David Spickermann klassische Küche mit neuen Ideen und präsentieren dies in einem stimmigen Rahmen. Das war den Juroren einen Stern wert.

Palmgarden

In Dortmund hat sich Michael Dyllong einen Stern erkocht. Der Guide Michelin spricht von modernen Speisen auf klassischer Basis, auf deren exakte Präsentation großen Wert gelegt wird. Besonders die

Lokalität im ersten Stock des Casinos Hohensyburg dürfte manchen Gast zu einem spielerischen Ausklang des Abends verleiten.

Schote

In der Schote in Essen-Rüttenscheid präsentiert TV-Koch Nelson Müller sein Können. Im Gegensatz zu seinem auf Hausmannskost spezialisierten Müllers auf der Rü geht es in der Schote darum, dem verliehenen Stern gerecht zu werden. Der Guide Michelin lobt die detailgenaue, harmonische und zeitgemäße Küche des intimen Eckrestaurants.

Darüber hinaus befinden sich an vielen Stätten der Industriekultur weitere gehobene Restaurants wie das Vincent & Paul im Museum Folkwang, das EMIL Grill & Meer im Dortmunder U, das Turmcafé im Fernsehturm Florian oder das CASINO auf Zeche Zollverein.

Weinregion Ruhrgebiet

Wenn zum guten Essen ein edler Tropfen serviert werden soll, kann sich das Ruhrgebiet seit einiger Zeit selbst behelfen. Die Rebensorte »Phoenix« verspricht einen fruchtig-frischen Weißwein. Hintergrund ist ein Weinbau-Experiment der Emschergenossenschaft und der Forschungsanstalt Geisenheim zur Erforschung der Folgen des Klimawandels. An der Emscher in Dortmund-Hörde liegt nun ganz selbstverständlich ein Ruhrpott-Weinberg. Auf drei Flächen zu je 50 Quadratmeter werden am Nordufer des Phoenix-Sees Reben in idealer Südlage angepflanzt. Die Ernte der Phoenix-Trauben im September 2014 brachte rund 35 Liter Rebensaft hervor. Wer sich weiter für den Weinanbau interessiert, ist im Wein-Freilicht-Museum gut aufgehoben. Denn auch das gibt es im Ruhrgebiet, und zwar in Hamminkeln. Im etwa 4000 Quadratmeter großen Museum befinden sich viele ältere Gerätschaften aus der Geschichte des Weinbaus und ein mediterraner Weingarten. Das Wein-Museum hat jedoch nicht immer geöffnet, deshalb empfiehlt sich eine vorherige telefonische Anmeldung.

Sport & Freizeit

Für Freizeitsportler ist das Angebot im Ruhrgebiet mehr als ansprechend. Jogger und Radfahrer freuen sich über unzählige Rad- und Laufwege, es gibt Skate-Parks, Mountainbike-Strecken, eine Ski-Halle, Soccerhallen, klassische Bolzplätze und unzählige Sportvereine, die vom Wassersport über Kampfsportarten bis zur Leichtathletik alles anbieten, was das Sportlerherz begehrt. 2013 haben mit der IntegrationsSportgemeinschaft Lüdenscheid e. V. und den Turboschnecken Lüdenscheid e. V. gleich zwei Vereine aus der Region die Auszeichnung »Behinderten-Sportverein des Jahres 2013« erhalten.

Im Leistungssport kann das Ruhrgebiet nicht nur Fußball. In zahlreichen anderen Disziplinen gelingen Einzel- und Mannschaftssportlern immer wieder große Leistungen, wenn auch das Scheitern langanhaltenden Ruhm begründet. Man erinnere sich nur an die drei Fehlstarts von Jürgen Hingsen im 100-Meter Lauf bei den Olympischen Spielen 1988 in Seoul. Die daraus erfolgte Disqualifikation im Zehnkampf hat dem in Duisburg geborenen Hingsen zu mehr Bekanntheit verholfen als sein Weltrekord im Zehnkampf 1984, der bis heute als deutscher Rekord fortbesteht. Wie sich an der Liste der Olympiasieger und Weltmeister gut erkennen lässt, hat der Reitsport im Ruhrgebiet eine Heimat. Das dürfte auch der Grund dafür sein, warum die weltweit größte Pferdemesse »Equitana« alljährlich in Essen stattfindet. Jedes Frühjahr trifft sich die internationale Reitsport-Elite in den Dortmunder Westfalenhallen zum »Signal Iduna Cup«, einem der jährlichen Höhepunkte für Spring- und Dressurreiter. Wer sich nicht selbst aufs Pferd schwingen möchte und wem das alleinige Zuschauen zu langweilig ist, der kann seinen Adrenalinpegel auf den Trabrennbahnen des Ruhrgebiets mit Hilfe von Pferdewetten erhöhen. Die Galopprennbahn Dortmund zählt zu den größten ihrer Art in Deutschland, während die 1912 in Gelsenkirchen eröffnete Trabrennbahn genauso geschichtsträchtig ist wie die 1910 eingeweihte Galopprennbahn Raffelberg in Mülheim an der Ruhr.

Olympiasieger und Weltmeister

Name	Sportart	Titel
Karsten Braasch, Marl	Tennis	Mannschafts-Weltmeister im World Team Cup 1994
Sabine Braun, Essen	Siebenkampf	Weltmeisterin 1991 und 1997

Name	Sportart	Titel
Gabriela Grillo, Duisburg	Dressurreiten	Mannschaftsgold Olympia 1976
Michael Haaß, Essen	Handball	Weltmeister 2007
Dieter Kemper, Dortmund	Radrennen	Weltmeister 1975
Fritz Ligges, Dortmund	Vielseitigkeits-reiten	Mannschaftsgold Olympia 1972
Helga Masthoff, Essen	Tennis	Gold Olympia 1968
Annegret Richter, Dortmund	100-Meter-Lauf	Gold Olympia 1972 und 1976
Ulla Salzgeber, Oberhausen	Dressurreiten	Gold Olympia 2000 und 2004
Nicole Uphoff, Duisburg	Dressurreiten	Gold Olympia 1988 und 1992
Willi Wülbeck, Oberhausen	800-Meter-Lauf	Weltmeister 1978

Pottmannschaften

Bevor König Fußball das Zepter in diesem Kapitel übernimmt, ist zunächst die Frage zu klären, wie sich andere beliebte Mannschaftssportarten im Schatten des Fußballs behaupten. Im Handball ist das Ruhrgebiet mit keinem Team in der ersten

Liga vertreten, dafür mit dem ASV Hamm-West-falen und TUSEM Essen mit zwei Vereinen in der zweiten Bundesliga. TUSEM Essen war zwischen 1986 und 1989 dreimal Deutscher Meister und seit 1988 je dreimal Deutscher Pokalsieger und Europa-Pokalsieger. Beim Basketball ist Phoenix Hagen der einzige Vertreter aus dem Ruhrgebiet in der ersten Herren-Bundesliga. Über den Verein ist eine preis-gekrönte Dokumentation mit dem Titel »Phoenix in der Asche« gedreht worden, die den Aufstieg des Vereins in die erste Liga und die damit verbundenen Probleme aufzeigt. Die Damen sind mit den Ver-einen evo New Basket Oberhausen und Herner TC gleich doppelt in der ersten Basketball-Bundes-liga vertreten. Und auch beim Eishockey liegen die Damen vorne. Sie stellen mit dem EC Bergkamen den einzigen Erstligaverein der Region. Die Herren sind beim Eishockey weder in der ersten noch in der zweiten Liga vertreten, dafür in der Oberliga West mit den Teams EV Duisburg, ESC Moskitos Essen, Hammer Eisbären und Herner EV gleich vierfach. Beim Feldhockey stellte das Ruhrgebiet eine Reihe erfolgreicher Olympioniken, die mit ihren jeweiligen Mannschaften 1992 und 2008 Goldmedaillen gewan-nen. Die Dortmund Giants gehören zu den ersten deutschen American-Football-Teams und spielen aktuell in der Regionalliga.

Erstligamannschaften 2014

Sportart	Verein	Liga
Tischtennis	TTC Hagen	Tischtennis-Bundesliga
Schach	SV Mülheim Nord	Schachbundesliga
	SC Hansa Dortmund	Schachbundesliga
	SF Katernberg	Schachbundesliga
Wasserball	ASC Duisburg	Deutsche Wasserball Bundesliga Herren
	SV Blau-Weiß Bochum	Deutsche Wasserball Bundesliga Frauen
Basketball	Phoenix Hagen	Herren Basketball Bundesliga
	evo New Basket Oberhausen	Damen Basketball Bundesliga
	Herner TC	Damen Basketball Bundesliga
Eishockey	EC Bergkamen	Deutscher Eishockey Bund Frauen Bundesliga
Badminton	1. BV Mülheim	Badminton Bundesliga
Baseball	Dortmund Wanderers	Baseball Bundesliga
Judo	SUA Witten	Deutsche Judo Bundesliga Damen und Herren
	JC 66 Bottrop	Deutsche Judo Bundesliga Damen und Herren

Pöhlen im Pott

Wie sich das gehört, gebührt auch beim Fußball den Damen der Vortritt. Denn das Ruhrgebiet kann sich in Sachen Frauenfußball durchaus sehen lassen. So stehen in der ewigen Bundesliga-Tabelle der MSV Duisburg und die SGS Essen auf den Plätzen drei und acht. Auch an den Weltmeistertiteln 2003 und 2007 waren Spielerinnen aus dem Ruhrgebiet beteiligt. Dann ist da noch die in Düsseldorf geborene Inka Grings, die einen Großteil ihrer 353 Bundesligatore in Diensten des MSV Duisburg erzielte und damit geschlechterübergreifend eine der besten Torquoten im deutschen Fußball vorzuweisen hat. Neben den Damen soll es ja noch ein paar Herren geben, die im Ruhrgebiet professionell gegen den Ball treten. Man munkelt sogar, das Ruhrgebiet sei die Wiege der deutschen Fußballkultur. Wohl auch deshalb hat sich der Deutsche Fußball-Bund für die Stadt Dortmund als Heimat des offiziellen Deutschen Fußballmuseums entschieden, in dem die gesamte deutsche Fußballgeschichte dargestellt wird. Dabei wird schnell klar, dass der Fußball von heute mit dem aus der Anfangszeit kaum zu vergleichen ist. Die großen Vereine sind zu durchstrukturierten Wirtschaftsunternehmen mit millionenschweren Budgets geworden. Sponsorenverträge mit russischen Gasunternehmen oder Vereinswechsel von Eigengewächsen gegen astronomische Ablösesummen sorgen für Unverständnis. Aber sobald das Spiel angepfiffen wird, sind diese Nebengeräusche für einen Moment vergessen, und alles ist wieder etwas mehr wie früher. Nur, dass der Frauenanteil in den Stadien exponentiell zugenommen hat.

Doch wer sich über zu viel Kommerz und VIP-Logen in den Stadien beschwert, der wird überrascht sein, dass er damit an seine Anfangszeit im Ruhrgebiet anknüpft. Denn als er zum Ende des neunzehnten Jahrhunderts von England nach Deutschland kam, galt er zunächst als elitäre Angelegenheit. Der Sport wurde hauptsächlich von Gymnasiasten gespielt, und die Fußballvereine hatten strenge Zugangsregeln. Wittener Gymnasiasten gründeten mit dem FC Witten 1892 den ersten Fußballverein des Ruhrgebiets. Nach der Jahrhundertwende wurden die Aufnahmeregeln der bestehenden Vereine langsam gelockert, und auch im Arbeitermilieu gründeten sich erste Mannschaften. Zwischen 1947 und dem Start der Bundesliga 1963 war die Oberliga West die Liga der Ruhrgebietsvereine und bot den Fans ein Derby nach dem anderen.

Hier eine Übersicht der zur Saison 2014/2015 in den ersten drei Bundesligen und der Regionalliga West vertretenen Ruhrpottmannschaften.

Verein	Liga	Jahr der Gründung	Mitglieder
FC Schalke	1. Bundesliga	1904	125 000
Borussia Dortmund	1. Bundesliga	1909	100 000
VfL Bochum	2. Bundesliga	1938	5000
MSV Duisburg	3. Bundesliga	1902	6000
Rot-Weiss Essen	Regionalliga West	1907	4500
Rot-Weiß Oberhausen	Regionalliga West	1904	1400
FC Kray	Regionalliga West	1987	1000
SG Wattenscheid	Regionalliga West	1909	800

Die wahre Fußballkraft des Ruhrgebiets zeigt sich jedoch erst in den beiden Oberligen Westfalen und Niederrhein. Hier stammten zur Saison 2014/2015 von insgesamt 36 Klubs 15 aus dem Ruhrgebiet. Darunter einige, deren Namen nicht sofort auf die Herkunft schließen lassen. Hier deshalb ein kleines Quiz für echte Fußballkenner.

Welcher Oberligaverein gehört zu welcher Stadt?

	Vereinsname		Stadt (in falscher Reihenfolge)
A	TV Jahn Hiesfeld	1	Duisburg
B	VfB Homberg	2	Dinslaken
C	Westfalia Rhynern	3	Gladbeck
D	VfB Hüls	4	Hamm
E	SV Zweckel	5	Marl

Lösung: A2, B1, C4, D5, E3

Die größten Fußballstadien

Name	Verein	Kapazität	Ursprünglicher Name
Signal Iduna Park	Borussia Dortmund	80 000	Westfalenstadion
Veltins-Arena	FC Schalke	61 000	Arena AufSchalke
Abisol-Arena	Westfalia Herne	32 000	Stadion am Schloss Strünkede
Schauinsland-Reisen-Arena	MSV Duisburg	31 000	Wedaustadion

Name	Verein	Kapazität	Ursprünglicher Name
rewirpower-STADION	VfL Bochum	29 000	Ruhrstadion, Stadion an der Castroper Straße
Stadion Rote Erde	Borussia Dortmund II	25 000 (10 000 bei Drittliga-Partien)	
Südstadion	SG Eintracht Gelsenkirchen	21 000	
Stadion Niederrhein	Rot-Weiss Oberhausen	21 000	
Stadion Essen	Rot-Weiß Essen	20 000	Georg-Melches-Stadion
Lohrheidestadion	SG Wattenscheid 09	16 000	

Die Ruhrpott-Traditionsmannschaft

Wie würde es wohl aussehen, wenn die besten ehemaligen Ruhrpott-Spieler gemeinsam auf dem Platz stünden? An Stürmern würde es jedenfalls nicht mangeln. Allein Manni Burgsmüller erzielte in seiner Karriere über 200 Bundesligatore. Und auch an Reinhard »Stan« Libuda würde kein Weg vorbeiführen. Er kam zwar im Zweiten Weltkrieg außerhalb des Ruhrgebiets zur Welt, zog aber bald mit seiner Familie zurück in die Heimat nach Gelsenkirchen und erlangte dort Legendenstatus. Über die weiteren Positionen lässt sich, wie beim Fußball üblich, trefflich streiten. Vor allem, wenn nur elf Plätze zu vergeben sind.

Legenden aufm Platz

Tor: Toni Turek (Duisburg)
Abwehr: Bernard Dietz (Hamm), Christoph Metzelder (Haltern am See), Hermann Gerland (Bochum)
Mittelfeld: Olaf Thon (Gelsenkirchen), Stan Libuda (Wendlinghausen)
Sturm: Lothar Emmerich (Dortmund), Manfred Burgsmüller (Essen), Ernst Kuzorra (Gelsenkirchen), Helmut Rahn (Essen), Horst Hrubesch (Hamm)
Trainer: Karl-Heinz Feldkamp (Essen), Otto Rehhagel (Essen)
Manager: Klaus Hilpert (Bochum)

Mannschaftsreporter: Manni Breuckmann (Datteln), Werner Hansch (Recklinghausen)

Die Ruhrpott-Nationalmannschaft

Ein Blick auf den erweiterten Kader der aktuellen Nationalmannschaft genügt, um zu erkennen, welches fußballerische Potential bis heute im Ruhrgebiet schlummert. Wo es früher nicht an Stürmern mangelte, tummeln sich die Spieler heute im defensiven Mittelfeld. Mit folgender Startaufstellung wäre die »Ruhrpott-Nationalmannschaft« bei jeder Fußball-WM ein ernstzunehmender Anwärter auf den Titel.

Tor: Manuel Neuer (Gelsenkirchen)
Abwehr: Kevin Großkreutz (Dortmund), Benedikt Höwedes (Haltern am See), Ilkay Gündoğan (Gelsenkirchen), Leroy Sané (Essen)
Mittelfeld: Marco Reus (Dortmund), Leon Goretzka (Bochum), Julian Draxler (Gladbeck), Marc-André Kruska (Castrop-Rauxel)
Sturm: Max Meyer (Oberhausen), Moritz Stoppelkamp (Duisburg)
Trainer: Peter Neururer (Marl), Dieter Hecking (Castrop-Rauxel)
Manager: Michael Zorc (Dortmund)
Mannschaftsreporter: Frank Buschmann (Bottrop), Hansi Küpper (Essen)

Meisterschaft der Herzen

Der Ruhrpottfußball hat so gut wie alle Titel gewonnen, die es im Vereinsfußball zu gewinnen gibt. Vorab muss aber die »Meisterschaft der Herzen« des FC Schalke 04 genannt werden. Ein in der deutschen Fußballgeschichte einmaliges Drama, bei dem Schalke 2001 die sicher geglaubte und lang ersehnte Meisterschaft in der buchstäblich letzten Sekunde aus den Händen glitt. Schon allein beim Lesen dieser Zeilen dürfte bei manchem Schalker der Blutdruck steigen. Zur Beruhigung deshalb eine Auflistung an Vereinserfolgen aus dem Ruhrgebiet, bei denen natürlich auch Schalke nicht fehlt.

Titel	Verein	Jahr
UEFA Champions-League	Borussia Dortmund	1997
UEFA Europa League	FC Schalke 04	1997
UEFA Europa League	Borussia Dortmund	1966
Weltpokal	Borussia Dortmund	1997
Deutsche Meisterschaft (Bundesliga)	Borussia Dortmund	1995, 1996, 2002, 2011, 2012

Titel	Verein	Jahr
DFB-Pokal	FC Schalke 04	1937, 1972, 2001, 2002, 2011
DFB-Pokal	Borussia Dortmund	1965, 1989, 2012
DFB-Pokal	Rot-Weiß Essen	1953
DFB-Pokal	Schwarz-Weiß Essen	1959

Zoos und Tierparks im Ruhrgebiet

Der Klassiker für einen Familienausflug ist und bleibt der Zoo. Vor allem die Tiergärten in Duisburg, Dortmund und Gelsenkirchen sind besonders schön. Die Aquarienkette »Sea Life« ist mit ihrem größten deutschen Ableger in Oberhausen vertreten und präsentiert über 5000 Tiere in etwa 50 Becken. Ein besonderes Highlight ist das tropische Ozeanbecken mit einem Fassungsvermögen von etwa 1½ Millionen Litern. Besucher können beim Gang durch den gläsernen Tunnel oder bei einer Fahrt mit dem Glasbodenboot Haie, Meeresschildkröten und viele weitere Meeresbewohner beobachten.

ZOOM Erlebniswelt Gelsenkirchen

Die Besonderheit des Gelsenkirchener Zoos ist die Aufteilung in drei unterschiedliche, hochmoderne

Erlebniswelten: Afrika, Asien und Alaska. In der Alaskawelt befindet sich ein sechs Meter hoher Wasserfall, in dem sekündlich 1800 Liter Wasser in die Tiefe stürzen. Darüber hinaus bietet der Zoo jede Menge Spielplätze für Kinder, wie das Drachenland oder den Wasserspielplatz »Joe's Claim«, an dem man sich am Gelsenkirchener Yukon auf Goldsuche begeben kann. Ein weiterer Höhepunkt ist die Bootsfahrt auf der »African Queen«, vorbei an Flamingos und Flusspferden. Jede Erlebniswelt verfügt über knapp zwei Kilometer Fußweg mit zahlreichen Tieren und Attraktionen am Wegesrand, so dass es fast unmöglich ist, alles an einem Tag zu bewältigen.

Zoo Duisburg

Der Zoo Duisburg gehört zu den bekanntesten Tierparks der Republik. Aus den rund 300 000 Besuchern, die der Zoo im Eröffnungsjahr 1934 verzeichnete, sind heute rund 1 Million Besucher pro Jahr geworden. Bereits 1965 eröffnete der Zoo das erste Delphinarium im Binnenland Europas, das auch heute noch zu den Besuchermagneten zählt. Besonders bekannt ist der Zoo Duisburg für seine Koalas, jedes neugeborene Koalababy wird in den lokalen Medien ausgiebig willkommen geheißen. 2014 starb mit der Koala-Dame Kangulandai nicht nur der erste erfolgreich in Europa aufgezogene Koala, sondern auch der mit 19 Jahren älteste im Zoo lebende Koala Europas. Insgesamt leben im Zoo Duisburg über 4600 Tiere.

Zoo Dortmund

Dem Zoo Dortmund ist es zu verdanken, dass sich Dortmund als die »Welthauptstadt der Ameisenbären« bezeichnen kann. Über 60 Ameisenbären sind hier seit den siebziger Jahren auf die Welt gekommen. Damit ist der Zoo Dortmund weltweit Spitze. Der Zoo behält nicht alle Tiere selbst, sondern gibt sie auch an andere Zoos weiter. So leben oder lebten Dortmunder Ameisenbären in Südafrika, den USA oder Singapur. Wem die Ameisenbären im Zoo nicht ausreichen, der kann sie kostenlos als Hörspiel oder Buch im Internet herunterladen, Ameisendame Sandra beispielsweise ist die Hauptfigur der Reihe »Yurumi Gang«. Neben den Ameisenbären tummeln sich im Zoo Dortmund weitere rund 1500 Tiere. Darüber hinaus ist der Zoo für seine Parklandschaft bekannt, die Naturfreunde mit ihrem alten Baumbestand zu beeindrucken weiß.

Naturwildpark Granat

Wer im Ruhrgebiet groß geworden ist, wird die Nachmittage, an denen er mit der Wildfutter-Packung in der Hand durch den Naturwildpark Granat gestapft ist, wohl nie vergessen. Der Park liegt an der Grenze zwischen Ruhrgebiet und Münsterland in Haltern am See. Die Besonderheit ist ein rund 600 000 Quadratmeter großes, von Wanderwegen durchzogenes Gelände, auf dem sich Besucher und Rehe gleichermaßen frei in der Natur bewegen können.

Freizeitparks im Ruhrgebiet

Was klassische Freizeitparks angeht, ist das Angebot im Ruhrgebiet eher dünn. Das liegt wohl auch daran, dass sich im Umkreis von rund 100 Kilometern mit dem Phantasialand in Brühl bei Köln und dem Safaripark Stukenbrock zwei der bekanntesten deutschen Freizeitparks befinden. Dennoch haben sich einige Parks mit teils besonderen Konzepten in der Region etablieren können.

Movie Park Germany

Im Movie Park in Bottrop dreht sich, wie der Name schon sagt, alles um Filme. Viele bekannte Figuren machen hier Spaß, ob per Bootsfahrt durch das »Ice Age Adventure«, in kleinen Autos der »Teenage Mutant Ninja Turtles«-Kinderfahrschule oder auf Vampirjagd in »Van Helsing's Factory«, einer Mischung aus Achter- und Geisterbahn. Der Park bietet alles an Fahrgeschäften, was das Herz eines Freizeitpark-fans begehrt. Von Wildwasser- und Achterbahnen über Kettenkarussells und Shows bis zum in Europa einzigartigen »High Fall«, einem sogenannten Gyro Drop Tower, bei dem die Besucher mit einer Höchst-geschwindigkeit von 90 Stundenkilometern aus 60 Metern Höhe in die Tiefe fallen.

Schloss Beck

Jede Region von Bedeutung braucht ein eigenes Gespenst. Das wohnt auch im Ruhrgebiet in einem Schloss. Becki ist sein Name, und es steht in Diens-ten von Schloss Beck in Bottrop. Als Maskottchen »spukt« es nicht nur auf dem Schloss Beck, sondern ist auch auf Stadtfesten oder in mancher Innenstadt der Region anzutreffen, um Menschen zu sich nach Hause einzuladen. Dort gibt es ein Barock-Schloss mit Park, einen Teich, den Besucher mit Tret- oder Ruderbooten erkunden können, einen Naturlern-pfad und jede Menge Fahrgeschäfte und Spielge-legenheiten für Kinder. Die Historie des Schlosses reicht zurück bis ins achtzehnte Jahrhundert. Die damaligen Erbauer hätten sich wohl nicht träumen lassen, dass ihre feudale Unterkunft rund 400 Jahre später ein beliebtes Ausflugsziel für Familien sein würde.

Ketteler Hof

Der Ketteler Hof in Haltern am See ist kein Freizeitpark im klassischen Sinne, sondern wird von den Betreibern als »Mitmach-Erlebnispark« beschrieben. Hier können Familien ihre Verpflegung selbst mitbringen und haben auch die Möglichkeit, vor Ort zu grillen. Für Kinder ist der 12 Hektar große Park das reinste Spielparadies. In 32 Spielbereichen können die jungen Besucher rutschen, klettern, hüpfen, fahren, im Wasser planschen oder im Streichelzoo mit Ziegen kuscheln. Der Ketteler Hof befindet sich mitten im Naturpark Hohe Mark, so dass auch für ausreichend frische Luft und grüne Umgebung gesorgt ist.

Prickings-Hof

Der Prickings-Hof in Haltern am See ist ein Freizeitareal der ganz besonderen Art und richtet sich mit seinem Angebot vor allem an betagtere Gäste. Besonders an Sonntagen platzt er aus allen Nähten, wenn die Besucher in Reisebussen auf das Gelände gebracht werden. Zu verdanken ist dieser Erfolg einem der legendärsten Landwirtschaftsunternehmer der Region. Bauer Ewald. Nach dem Zweiten Weltkrieg bewirtschaftete er den Hof gemeinsam mit seiner Frau zunächst als normalen Bauernhof, bevor er eine hofeigene Probierstube für die selbstproduzierten Wurstwaren einrichtete. Daraus wurde nach und nach ein Musterbauernhof, der sich zum Besuchermagneten weit über die Region hinaus entwickelte. In der Tierschau und im bäuerlichen Museum sind, neben den rund 1000 ausgestellten landwirtschaftlichen Geräten, etwa 2500 Tiere zu besichtigen. Die täglichen »Danz-op-de-Deel«-Tanzveranstaltungen inklusive Tombola sind bei den älteren Besuchern besonders beliebt. Wer die bäuerlich-deftige Kost gleich vor Ort probieren möchte, hat im Restaurant »Prickings-Tenne« bei gebackener Schweinshaxe oder Gulasch vom Jungbullen die Gelegenheit dazu.

Einkaufszentren im Ruhrgebiet

Ruhr Park Bochum

Der 1964 in Bochum eröffnete Ruhr Park war eines der ersten Einkaufszentren in Deutschland. Um mit den neueren Zentren Schritt halten zu können, wird der Ruhr Park bei laufendem Betrieb bis zum Herbst 2015 umgebaut. Durch die rund 150 Millionen Euro teure Umgestaltung sinkt die Verkaufsfläche von 74 000 auf 69 000 Quadratmeter. Dafür wird die Anzahl der Geschäfte von 110 auf 180 erhöht.

Palais Vest Recklinghausen

Während sich der Ruhr Park noch im Umbau befindet, wurde das ehemalige Löhrhof Center in Recklinghausen schon zum Palais Vest umgewandelt. Seit dem Spätsommer 2014 warten hier rund 40 000 Quadratmeter mit 120 Geschäften auf Kundschaft. Das Palais Vest liegt nur wenige hundert Meter neben der Krim, was in diesem Fall nichts mit Russland zu tun hat, sondern der Name eines Altstadtviertels in Recklinghausen ist.

Centro Oberhausen

Das Centro ist mehr eine eigene Stadt als ein Shoppingcenter. Die auf dem Gelände des ehemaligen Montan- und Maschinenbauunternehmens Gutehoffnungshütte 1996 eröffnete Mall umfasst 220 Geschäfte auf rund 90 000 Quadratmeter. Der gesamte Komplex beherbergt, neben der eigentlichen Shoppingmall, eine Konzerthalle mit über 12 000 Plätzen, ein Musicaltheater, einen Ableger der »Sea Life«-Aquarien und vieles mehr.

Limbecker Platz Essen

Das 2009 vollständig eröffnete Shoppingcenter Limbecker Platz vereint 200 Läden auf rund 70 000 Quadratmeter. Das Einkaufszentrum liegt direkt zwischen der Fußgängerzone der »Einkaufsstadt Essen« und dem Unterhaltungsangebot der Weststadt, bestehend aus Kino, Konzerthalle und Theater. 2014 erhielt der Limbecker Platz als einziges deutsches Shoppingcenter den »European Shopping-Center Award« des International Council of Shopping-Centers in der Kategorie »Established Center«.

Thier-Galerie Dortmund

Mitten in der Dortmunder Innenstadt liegt die 2011 eröffnete Thier-Galerie. Über 160 Geschäfte buhlen hier um die Aufmerksamkeit der Kunden. Den Namen erhielt das Shoppingcenter durch seine Lage auf dem Gelände der ehemaligen Thier-Brauerei Dortmund. Bier wird hier heute nicht mehr gebraut, dafür aber in Hövels Hausbrauerei mit angeschlossenem Biergarten ausgeschenkt.

Fest im Sattel und gut zu Fuß

Wer einen Ausgleich zum Shopping sucht oder sich generell lieber an der frischen Luft aufhält, braucht im Ruhrgebiet im Prinzip nur die eigene Haustür aufzumachen oder das Hotel zu verlassen und loszulaufen, denn am einfachsten und besten kann man das Ruhrgebiet zu Fuß erleben. Man kann um Seen laufen, durch Parks spazieren, Objekte der Industriekultur umrunden oder Halden erklimmen. Die Hohe Mark und die weiteren Waldgebiete bieten unzählige Wanderwege durch die Natur. Wer sich am Wasser erfreut, kann beispielsweise den Rhein-Herne-Kanal entlanglaufen oder am Silbersee III in Haltern spazieren gehen. Wer lieber kurze Strecken in schwindelerregender Höhe meistert, für den bietet das Ruhrgebiet eine Reihe an Hochseil- und Kletteranlagen. Neben den Wanderwegen, die sich auf eigene Faust entdecken lassen, gibt's eine Vielzahl an geführten Touren. Das Angebot reicht von normalen Stadtrundgängen bis zu einer dreistündigen Klettertour, bei der es unter dem Titel »Expedition Stahl« durch den Hochseilparcours im Landschaftspark Duisburg-Nord geht. Dabei erleben die Besucher hautnah, wie es sich anfühlt, zwischen zwei Hochöfen zu balancieren. Der Veranstalter »visit.Ruhr« lädt unter anderem zum geführten Spaziergang durchs nächtliche Schalke. Dabei wird die »gute alte Zeit« wieder zum Leben erweckt, indem historische Bildaufnahmen auf die Gelsenkirchener Häuserwände geworfen wer den. Wer lieber mit tierischer Begleitung spazieren geht, der ist auf »Daniels kleiner Farm« in Castrop-Rauxel gut aufgehoben. Dort geht es für alle, die gut zu Fuß sind, per Alpaka-Trekkingtour durchs Revier. Aber auch an ältere Menschen wird hier gedacht. So statten die »Farmer« mitsamt ihren Alpakas umliegenden Seniorenheimen regelmäßig Besuche ab und berichten von ihren Wanderungen durch die Region.

Auf dem Fahrrad gibt es ehemalige, radtauglich gemachte Bahntrassen wie die Erzbahntrasse zwischen Bochum und Gelsenkirchen oder gemütliche Radwege wie den rund 30 Kilometer langen »Parkway EmscherRuhr« vom Schiffshebewerk Henrichenburg bis zum Kemnader See in Bochum zu entdecken. Auch eine Fahrradautobahn ist in Planung, die aber bisher vor allem als Vision existiert. Unter dem Projektnamen »RS1« soll auf rund 100 Kilometern zwischen Duisburg und Hamm eine komplett ampel- und autofreie Radautobahn entstehen. Da an der Umsetzung des rund 180 Millionen Euro teuren Projekts mehrere politische Ebenen und Verantwortungsträger sowie weitere Vereinigungen wie Umweltverbände und nicht zuletzt die Bürger beteiligt sind, ist der letzte Entschluss noch nicht gefallen. Wer aber dennoch kräftig in die Pedale treten will und mit kurzen Ausflügen nicht zufrieden ist, findet im Ruhrgebiet drei große Routen. Da ist zunächst die im Kapitel Kultur bereits vorgestellte Route der Industriekultur mit ihrem über 700 Kilometer umfassenden Radwegenetz. Darüber hinaus verlaufen die Römer-Lippe-Route und der Ruhrtalradweg durchs Ruhrgebiet.

Römer-Lippe-Route

Die Römer-Lippe-Route führt die Radfahrer von Detmold bis nach Xanten, also einmal quer durchs Ruhrgebiet. Die Hauptroute ist 295 Kilometer lang, zusammen mit den sogenannten thematischen Wegschleifen kommt die Route auf eine Gesamtlänge von 449 Kilometer. Im Ruhrgebiet beginnt die Route in Hamm und verbindet insgesamt fünf unterschiedliche Regionen miteinander: Teutoburger Wald, Hellweg-Region, Münsterland, Metropole Ruhr und Niederrhein. Die Route eignet sich nicht nur für eine mehrtägige Fahrt, sondern ist durch die Untergliederung in einzelne, gut beschilderte Etappen auch für Tagesausflüge geeignet. Der Name ist bei der Römer-Lippe-Route Programm. Es geht um die Geschichte der Römer in der Region und um die Lippe, also das Wasser. Entsprechend diesen Themenfeldern führt die Route entlang an Sehenswürdigkeiten wie dem LWL-Römermuseum in Haltern am See, der Lippequelle oder dem Kanalknotenpunkt Datteln. Je nach persönlicher Vorliebe haben die Radler an manchen Stellen die Wahl zwischen unterschiedlichen Schleifen, also mehr Richtung Wasser oder Römer. Für die gesamte Route sollten sechs Tage veranschlagt werden. Wer lieber einzelne Etappen fahren möchte, kann sich am folgenden Verlauf der Route orientieren.

Etappenpunkte	Streckenkilometer
Hermannsdenkmal	0
Detmold	8
Externsteine	20
Bad Lippspringe	37
Paderborn	50
Römerlager Anreppen	68
Lippstadt	92
Lippetal-Herzfeld	110
Lippborg	121
Dolberg	140
Hamm	153
Bergkamen	170
Lünen	184
Waltrop	190
Selm	198
Olfen	206
Datteln	214
Haltern am See	228
Marl	238
Dorsten	250
Hünxe	267
Wesel	279
Xanten	295

Ruhrtalradweg

Startpunkt ist die Quelle der Ruhr bei Winterberg im Sauerland. Von dort geht es rund 230 Kilometer nach Duisburg zur Mündung der Ruhr in den Rhein. Neben den eigentlichen Entdeckungen in den Städten entlang der Ruhr ist die Route selbst seit dem Kulturjahr »RUHR.2010« eine Sehenswürdigkeit. Entlang der Strecke befinden sich 17 Kunstwerke, wie ein verzierter Strommast, eine kunstvoll verkleidete Gasstation oder die Installation eines Vexierbildes in einer Unterführung.

Der Ruhrtalradweg wurde 2009 als erste Radroute in einem Ballungsgebiet vom Allgemeinen Deutschen Fahrrad-Club (ADFC) zertifiziert. Seitdem handelt es sich um eine mit vier Sternen ausgezeichnete ADFC-Qualitätsroute. Wer die gesamte Route fährt, erlebt den Kontrast zwischen der in Teilen unberührten Landschaft des Sauerlandes und dem industriell geprägten Ruhrgebiet. Entlang des Weges befinden sich eine Vielzahl radfahrerfreundliche Hotels und Campingmöglichkeiten, so dass jeder die Route in seinem eigenen Tempo zurücklegen kann. Für die gesamte Strecke können ungefähr sieben Übernachtungen eingeplant werden, aber auch hier ist es möglich, an den unterschiedlichen Streckenabschnitten einzusteigen.

Etappenpunkte	Streckenkilometer
Winterberg	0
Olsberg	23
Meschede, Bestwig	40
Arnsberg	64
Wickede, Ense	91
Fröndenberg, Iserlohn, Menden	100
Schwerte, Holzwickede	120
Hagen, Dortmund	129
Herdecke	133
Wetter	137
Witten	147
Bochum	157
Hattingen	167
Essen	192
Mülheim an der Ruhr	214
Oberhausen	219
Duisburg	230

Kuriose Unterkünfte im Ruhrgebiet

Wer das Ruhrgebiet als Tourist besucht und all die Eigenheiten der Region hautnah erleben möchte, wird mit einem Tagesausflug nicht auskommen. Spätestens da stellt sich die Frage nach einer passenden Übernachtungsmöglichkeit. Neben klassischen Hotels in allen Preislagen findet sich im Ruhrgebiet das eine oder andere kuriose Konzept, das nicht nur die Tage, sondern auch die Nächte in der Region zu einem Erlebnis macht.

Ruhrcamping Essen

Wer träumt nicht schon sein Leben lang davon, sich einmal wie Peter Lustig oder Fritz Fuchs zu fühlen und in einem Bauwagen zu wohnen? Im Ruhrgebiet kann jeder diesen Traum in die Tat umsetzen. Seit 2008 kann man auf dem Campingplatz Ruhrcamping in Essen in Bauwagen direkt am Ruhrtalradweg nächtigen. Die insgesamt acht Bauwagen wurden liebevoll zu Wohnwagen umgerüstet, inklusive WC und Kochnische. Die von außen bunt bemalten Wohnwagen sind nach Essener Stadtteilen benannt und bieten aus manchen Fenstern direkten Ausblick auf die vorbeifließende Ruhr. Die Preise für eine Nacht im Bauwagen liegen, je nach Ausstattung des Wagens, zwischen 35 Euro und 70 Euro für zwei Personen, wobei ab der zweiten Nacht die Preise günstiger werden.

Parkhotel Bernepark

Was mag sich wohl hinter dem Parkhotel in Bottrop verbergen? Eine Fünf-Sterne-Residenz oder drei Standardkanalrohre? Die Kanalrohre natürlich. Und zwar mit einer Länge von etwa drei und einem Durchmesser von rund zweieinhalb Metern. Jede dieser Röhren ist ein schlicht aber praktisch eingerichtetes Hotelzimmer, inklusive Doppelbett und 220 Volt Stromanschluss. Ein Dachfenster sorgt für Tageslicht, und alle weiteren wesentlichen Dinge wie Toilette oder Minibar sind in umliegenden Einrichtungen nutzbar. Der besondere Clou an dem Hotel ist der Preis. Den kann jeder Hotelgast getreu der Parole »Zahl, was du möchtest« selbst festlegen. Das Konzept wurde vom österreichischen Künstler Andreas Strauss erdacht und neben dem einzigen deutschen Standort in Bottrop noch in Ottensheim in Österreich umgesetzt.

Road Stop Motel

Die Zimmer im Road Stop Motel Dortmund tragen Namen wie »Jim Beam Log Cabin«, »Jail House Cell« oder »Las Vegas Suite«. Wer also dem »American way of life« zugetan ist, wird an diesem Hotelkonzept seine helle Freude haben. Die »Jail House Cell« ist einer Gefängniszelle nachempfunden, inklusive Gittertür, Etagenbett und ansonsten karger Ausstattung. Das Kontrastprogramm bietet die »Las Vegas Suite«, die Gäste mit einem Whirlpool, reichlich Las-Vegas-Kitsch und einem Spielautomaten-Waschbecken empfängt. Die Preise für zwei Personen reichen von 39 Euro pro Nacht in der Gefängniszelle bis zu 95 Euro in den besser ausgestatteten Räumen.

Mini-Hotel

Das Mini-Hotel in Herdecke macht seinem Namen alle Ehre. Denn es verfügt nur über zwei Einzel- und ein Doppelzimmer, ist also mit vier Gästen komplett ausgebucht. Bei dem Gebäude handelt es sich um ein Fachwerkhaus, dessen Geschichte bis ins achtzehnte Jahrhundert zurückreicht. Das Mini-Hotel ist dagegen noch etwas frischer und feiert 2015 sein vierzigjähriges Bestehen. Die Preise liegen bei 40 Euro für das Einzelzimmer und 80 Euro für das Doppelzimmer. Wer also immer mal den Satz »Ich hab das ganze Hotel für uns gemietet« sagen und sich dabei wie ein großer Star fühlen wollte, braucht in diesem Fall nur 160 Euro.

Alte Lohnhalle Essen

Näher als in der Alten Lohnhalle in Essen kann man Industriekultur im Ruhrgebiet kaum erleben. Denn dieses Hotel befindet sich mitten auf einer denkmalgeschützten Zeche. Das Bergwerk Bonifacius wurde Mitte des neunzehnten Jahrhunderts gegründet und 1984 stillgelegt. 20 Jahre später und nach umfangreicher Sanierung der ehemaligen Zechengebäude öffnete das Kultur- und Tagungshotel Alte Lohnhalle seine Pforten. Und so kann man zwar kein Zimmer mit Ausblick auf das Empire State Building oder den Eiffelturm buchen, aber dafür mit Blick auf den Förderturm der ehemaligen Zeche. In der Alten Lohnhalle wird mit Hilfe liebevoll zusammengestellter Designelemente auf die Bergbaugeschichte verwiesen. Die Preise liegen bei 69 Euro für ein Einzelzimmer und 79 Euro für ein Doppelzimmer.

Unperfekthotel

Das Unperfekthotel wurde 2014 neu eröffnet und ist alles andere als unperfekt. Die gut ausgestatteten Zimmer sind darauf ausgelegt, den Besuchern Hotelzimmer und Büro in einem zu bieten. Das Besondere am Unperfekthotel ist die Lage mitten im Kreativdorf in Essen. Der Leuchtturm dieses kreativen Viertels in der Essener Innenstadt ist das neben dem

Hotel liegende Unperfekthaus, in dem sich ebenfalls ein Hotel befindet. Aber nicht mit komfortablen Einzel- oder Doppelzimmern, sondern als WG-Hotel unter dem Motto »WG für ein paar Tage«. Das Künstlerdorf rund ums Unperfekthaus umfasst etwa 5000 Quadratmeter. Hier können Seminare abgehalten, Vereinbarungen getroffen oder einfach nur in entspannter Atmosphäre Pläne geschmiedet werden. Das Unperfekthotel liegt in optimaler Lage nur wenige Meter neben dem Einkaufszentrum Limbecker Platz auf der einen und der Essener Fußgängerzone auf der anderen Seite. Die Preise liegen bei 79 Euro für das Einzelzimmer, 109 Euro für das Doppelzimmer und bei 159 Euro für das Business-Zimmer.

Das Ruhrgebiet für Kinder

»Mir ist sooooo langweilig!«, diesen Ausruf können Kinder im Ruhrgebiet gleich vergessen. Viele der im Kapitel Kultur beschriebenen Ausflugsziele haben spezielle Angebote für Kinder oder bieten ein kindgerechtes Programm. Des Weiteren gibt es eine große Zahl an Schwimm- und Spaßbädern sowie bereits beschriebene Freizeitparks. Aber damit ist das Angebot für Kinder noch längst nicht ausgeschöpft.

Zeche Knirps

Die Zeche Knirps befindet sich auf der Zeche Hannover im LWL-Industriemuseum Bochum und ist das einzige »Kinderbergwerk« Deutschlands. Auf der Zeche Knirps werden Kinder zur freiwilligen Arbeit unter Tage animiert. Ausgestattet mit Helm und Bergmannskleidung, gilt es, die täglichen Abläufe eines Bergwerks spielerisch zu erkunden. Die Kinderzeche steht ihren erwachsenen Vorbildern dabei in nichts nach. Vom Stollen bis zur Förderanlage sind alle wesentlichen Bestandteile vorhanden. Nur wird hier keine Kohle, sondern Kies gefördert. Aber mit etwas Phantasie wird der Kies schneller zur Kohle und das Kind schneller zum Bergbaukumpel, als die Erwachsenen gucken können.

Modelleisenbahnen im Ruhrgebiet

Die »Mutter aller Modelleisenbahnen« steht bekanntlich nicht im Ruhrgebiet, sondern mit dem »Miniatur Wunderland« in Hamburg. Aber auch im Ruhrgebiet gibt es für Eisenbahnfreunde zwei interessante Modelleisenbahnen zu entdecken. Mit dem »Deutschland-Express« steht eine der größten Märklin-Modellbahnanlagen Deutschlands in Gelsenkirchen. Die Anlage umfasst rund 700 Quadratmeter und beherbergt 250 Züge, 4000 Waggons und über vier Kilometer Gleise. Wie der Name schon sagt, nimmt der auf dem Gelände des Nordstern-parks beheimatete »Deutschland-Express« die Be-sucher mit auf eine Reise von der Nordsee bis zu den Alpen. Im Gegensatz dazu erleben die Besucher von »OKtoRail« in Essen eine Reise durch die Zeit. Auf der Anlage in der Orangerie im Grugapark wird die Zeit von 1965 bis heute durchfahren. Der Schwer-punkt der knapp 500 Quadratmeter großen Anlage liegt auf der Veranschaulichung der industriellen Entwicklung.

Kindermuseum »mondo mio!«

Das »mondo mio!« ist ein im Westfalenpark Dort-mund gelegenes Kindermuseum, das die jungen Besucher in die große weite Welt mitnimmt. Neben wechselnden Ausstellungen und Veranstaltungen befinden sich im mondo mio! die drei Daueraus-stellungen Kinderwelten, Weltenkinder und Fär-bergarten. In den Kinderwelten lernen die Kinder andere Lebensumstände kennen und erfahren, wie es ist, Wasser aus Brunnen holen zu müssen oder ohne Strom zu leben. Im Bereich Weltenkinder wird spielerisch die Frage beantwortet, was es braucht, um sich überall auf der Welt zu Hause zu fühlen. In den Färbergärten dreht sich alles um das Thema Farbe, deren Herkunft und ökologisch sinnvoller Einsatz.

Zusammengefasst geht es im »mondo mio!« also um ein besseres Verständnis für unterschiedliche Kulturen und die Förderung eines friedlichen Miteinanders.

Phänomania Erfahrungsfeld

Das Phänomania Erfahrungsfeld in Essen macht seinem Namen alle Ehre. Hier werden den jungen Besuchern im wahrsten Sinne des Wortes phänomenale Erfahrungen vermittelt. Fühlen, Hören, Sehen und Riechen stehen im Mittelpunkt dieser Ausstellung. Die Anlage umfasst 80 Stationen auf rund 1500 Quadratmetern und verfügt darüber hinaus über ein großes Außenareal mit Attraktionen wie einem Duftgarten oder einem Kletterfelsen. Im inneren Teil der Ausstellung gibt es geheimnisvolle Dinge wie einen Summstein, einen Riechbaum oder eine Wasserklangspritzschale zu entdecken. Dabei wird die Parole »Anfassen erwünscht« durchgehend großgeschrieben, so dass auch wirklich alle Sinne gleichermaßen angesprochen werden.

Kulturmäuse Herne & Recklinghausen

Seit über zehn Jahren sorgen die Kulturmäuse für einen Austausch zwischen Kindern und Kreativen. So trugen die Veranstaltungen im Jubiläumsjahr 2014

Titel wie »Was macht eigentlich ein Regisseur?«, »Fotokunst und Selbstinszenierung« oder »Beatboxing«. Das Konzept des Kulturmäuse e.V. fußt auf zwei Säulen. Zuerst sollen Kinder nicht nur mit Künstlern in Kontakt kommen und dadurch einen Zugang zu deren Schaffen erhalten, sondern gleichzeitig selbst zur Kreativität angeregt werden. Die zweite Säule ist die Persönlichkeitsentwicklung der Kinder, beispielsweise durch Gemeinschaftsarbeiten oder Kennenlernen und Meistern neuer Situationen. Das Programm richtet sich an Kinder zwischen sechs und zwölf Jahren, die während ihres Aufenthalts bei den Kulturmäusen von erfahrenen Kulturpädagogen betreut werden.

Ziegenmichelhof

Was macht der Ziegenmichel in Gelsenkirchen? Er ist Namensgeber eines Lern- und Erlebnisbauernhofs. Der Ziegenmichelhof ist ein alter, liebevoll sanierter Bauernhof, auf dem Kinder und Jugendliche alles erleben können, was das Landleben ausmacht. Sie können an einer Traktorfahrt teilnehmen oder die heimischen Tierarten wie Gänse, Hühner, Katzen, Ziegen oder Hängebauchschweine bewundern. Außerdem sind die drei Erlebniswelten Steinzeit, Wikinger und Mittelalter spielerisch zu erkunden. Junge Pferdefreunde können am Lehr- und Erlebniskurs »Harmonie mit dem Pferd« teilnehmen, bei dem Kinder ab vier Jahren an Pferde und den Pferdesport herangeführt werden.

Kinder-Unis

Zur sechsten Kinder-Uni Bochum kamen 2014 rund 1800 Kinder, die an einem Roboterrennen teilnehmen, selbst Zahnpasta herstellen oder bei spannenden Experimenten zuschauen und natürlich jede Menge Fragen loswerden konnten. An der TU Dortmund umfasst die Kinder-Uni eine Veranstaltungsreihe für Kinder zwischen acht und zwölf Jahren. Wie bei den »großen« Vorlesungen auch, erscheint das Angebot zur Kinder-Uni der TU Dortmund zweimal im Jahr zu Semesterbeginn. Im Wintersemester 2014/2015 gab es Veranstaltungen wie »Fernsehen machen: Zauberei oder Handwerk?«, »Unser Essen – auch ein Geschäft?« oder »Arzneimittel herstellen – die Küche als Fabrik«.

Kinderkonzerte

Konzerthäuser und Theater im Ruhrgebiet bieten immer wieder spezielle Kindertage oder Kinderveranstaltungen an, um einen Zugang zur Kunst zu ermöglichen. Die Neue Philharmonie Westfalen in Recklinghausen veranstaltet regelmäßig Kinderkonzerte. Die aufgeführten Opern und Geschichten werden speziell für die Kinder arrangiert und geschrieben. Im Konzerthaus Dortmund erklärt der sogenannte Jekiz-Scout die Instrumente und den musikalischen Hintergrund der Aufführung, bevor die Kinder nach einem Backstage-Besuch die Möglichkeit haben, ausgewählte Veranstaltungen kostenlos zu besuchen.

Kindertheater

Viele der renommierten Theater im Ruhrgebiet haben spezielle Kinderaufführungen im Programm. Das Schauspielhaus Bochum zeigte in der Spielzeit 2014/2015 unter anderem die Stücke »Michel aus Lönneberga«, »Grimmsklang« oder »Der Löwe und die Maus«. Das Theater Dortmund hatte für Kinder Stücke wie »Ein Freund für Löwe Boltan« und »Peters Reise zum Mond« im Repertoire. Das Consol Theater Gelsenkirchen auf dem Gelände der ehemaligen Zeche Consolidation hat für alle Altersklassen von Kind bis Jugendlichen etwas im Programm: von »Riesigklein« für die Allerkleinsten über »Die wilden Schwäne« von H. C. Andersen bis zum Stück »Die besseren Wälder«, das sich mit der Identifikationssuche in der Pubertät beschäftigt. Darüber hinaus gibt es, je nach Spielzeit, Klassiker wie »Ronja Räubertochter«, »Pünktchen und Anton«, aber auch

Stücke wie »Kassandra«, das auf Motiven des gleich-
namigen Romans von Christa Wolf beruht.

World Wide Pott

Das Ruhrgebiet hat mit ».ruhr« eine eigene Domain-
Endung, und das nicht ohne Grund. Fast alle im
Buch erwähnten und beschriebenen Städte, Museen,
Restaurants, Festivals und Kulturstätten haben infor-
mative Internetauftritte. Da die Eingabe der Lokalitäten in eine handelsübliche Suchmaschine genügt,
um ans Ziel zu gelangen, wird an dieser Stelle auf
eine vollständige Auflistung aller Links verzichtet,
der Besuch dennoch wärmstens empfohlen. Genau
wie bei den nun folgenden Seiten.

Der Regionalverband Ruhr stellt auf *metropole
ruhr.de* ein breites Spektrum an Informationen rund
um das Ruhrgebiet zur Verfügung. Die Ruhr Tourismus GmbH bietet auf *ruhr-tourismus.de* Wissenswertes rund um den Besuch der Region. Die Route
der Industriekultur wird mit all ihren Sehenswürdigkeiten und Themenrouten auf *route-industriekultur.
de* umfassend vorgestellt, während das Kulturjahr
»RUHR.2010« in seiner gesamten Fülle auf *http://
archiv.ruhr2010.de* nachzuerleben ist. Die Geschichte des Reviers wird auf *ruhrgebiet-regionalkunde.de*
ausgiebig erklärt. Mit der Gegenwart beschäftigt sich

das Magazin *ruhr-guide.de* und präsentiert stets aktuelle Veranstaltungshinweise und Ausflugstipps.

Darüber hinaus gibt es viele liebevoll gemachte Blogs, die sich mit so gut wie allen Facetten des Lebens im Revier beschäftigen. So beschreibt Danny Giessner auf *wahlheimat.ruhr*, was er in seiner Wahlheimat, dem Ruhrgebiet, erlebt. In ihrem Blog *heimatpottential.blogspot.de* berichtet das (erwachsene) Ruhrpottkind Juli auf charmante Art und Weise über das Leben und ihre Erlebnisse im Ruhrgebiet. Das Pottblog (*pottblog.de*) informiert, genau wie das Blog Ruhrbarone (*ruhrbarone.de*) täglich über die aktuellen Geschehnisse, von Sport über Kultur bis Politik. »Dat Leckerste aussem Pott« verspricht *pottlecker.de* und kümmert sich ausgiebig um die kulinarischen Vorzüge der Ruhrpottküche. Auf *ottos-revier.de* berichtet der »Fenster-Rentner« Otto Redenkämper mit einer kräftigen Portion Potthumor von den Erlebnissen in seinem Revier. Und mit dem Fußball im Allgemeinen und den Ruhrpottkickern im Besonderen beschäftigt sich Frank Baade auf *trainer-baade.de*.

Dank & Quellen

Ein besonderer Dank gilt den Mitarbeiterinnen und Mitarbeitern des Regionalverbandes Ruhr (*www.rvr-online.de*). Nicht nur für das beeindruckende Daten- und Zahlenmaterial, das sie auf den unterschiedlichen zum Verband gehörenden Internetseiten zusammengetragen haben, sondern auch für die stets freundliche und hilfsbereite persönliche Unterstützung. Weitere Kennzahlen stammen aus den Statistiken des Landesbetriebes Information und Technik Nordrhein-Westfalen (*www.it.nrw.de*). Bei der Recherche des umfangreichen Kultur- und Freizeitangebots waren die Zusammenstellungen auf der Internetseite der Ruhr Tourismus GmbH (*www.ruhr-tourismus.de*) genauso hilfreich, wie das Online-Archiv der Westdeutschen Allgemeinen Zeitung (*www.derwesten.de*).

So ein Buch lässt sich aber auch nicht ohne Menschen schreiben, die einen dabei unterstützen. Deshalb gilt mein Dank Volker Jarck, der mich mit den besten Wünschen auf die Reise durchs Ruhrgebiet geschickt und darauf vertraut hat, dass ich mich nicht verlaufe. Das wäre auch nur schwer möglich gewesen, schließlich hatte ich mit Katrin Bojarzin die beste Reisebegleiterin an meiner Seite, die ich mir auf dem Weg durch das Fakten- und Wörterdickicht hätte wünschen können. Und dann ist da noch Daniel Mursa, der als St. Paulianer im Ruhrpott immer gerne gesehen ist, vom fernen Berlin aus meine Geschicke lenkt und mir stets ein wunderbarer und verlässlicher Ratgeber ist.

Die in diesem Buch zusammengestellten Daten und Fakten stammen, neben den bereits erwähnten, aus den nun folgenden Quellen, eigenen Erfahrungen und Recherchen vor Ort. Die folgenden Angaben bestehen zum Großteil aus Internetseiten, die zwischen Juli und Dezember 2014 besucht wurden. Hinter Zeitungsartikeln und ähnlichen Veröffentlichungen ist jeweils das Veröffentlichungsdatum in Klammern angefügt. Ist zu einer Person, Institution, Lokalität, Sehenswürdigkeit oder einem Unternehmen keine extra Quelle genannt, stammen die dazu aufgeführten Informationen, soweit nicht selbst vor Ort recherchiert, von den offiziellen Internetpräsenzen, die hier aus Platzgründen nicht extra aufgeführt werden können.

Alle in diesem Buch enthaltenen Informationen wurden mit höchster Sorgfalt zusammengestellt, sollte dabei dennoch ein Fehler unterlaufen sein, bitte ich dies zu entschuldigen.

Gesellschaft

Auswärtiges Amt, »Länder A–Z«,
http://www.auswaertiges-amt.de/sid_15DBBE48402DFED0E99AB
F0CF3F4F85C/DE/Laenderinformationen/LaenderReiseinforma
tionenA–Z_node.html

Lang, Sandra Anni: »Langenscheidt Lilliputt Ruhrpott –
Deutsch«, Langenscheidt KG, Berlin und München 2011.

Der Westen, »Standesamt Duisburg lehnt ›Benjamin Blümchen‹
und ›Sure‹ als Vornamen ab«,
www.derwesten.de/staedte/duisburg/standesamt-duisburg-lehnt-
benjamin-bluemchen-und-sure-als-vornamen-ab-id7509202.html
(22.01.2013)

Planet Wissen, »Italiener in Deutschland«,
https://www.planet-wissen.de/alltag_gesundheit/gastarbeiter_
und_migration/geschichte_der_gastarbeiter/portraet_italiener_
in_deutschland.jsp (28.07.2011)

Westfalenpost, »Wat Sache is – Pfarrer schreibt zehn Gebote auf
Ruhrdeutsch«,
www.derwesten.de/wp/staedte/essen/wat-sache-is-pfarrer-
schreibt-die-zehn-gebote-auf-ruhrdeutsch-id9755904.html
(31.08.2014)

Der Westen, »Trend zum Schrebergarten – aus ›spießig‹ ist
›urban‹ geworden«,
www.derwesten.de/panorama/trend-zum-schrebergarten-aus-
spiessig-ist-urban-geworden-id9634024.html (25.07.2014)

Planet Wissen, »Der Kleingarten«,
www.planet-wissen.de/sport_freizeit/garten/gartenkultur/
kleingarten.jsp (26.06.2014)

Ministerium für Klimaschutz, Umwelt, Landwirtschaft, Natur- und Verbraucherschutz des Landes Nordrhein-Westfalen, »Kleingärten in Nordrhein-Westfalen«, www.umwelt.nrw.de/landwirtschaft/gartenbau/kleingaerten/index.php

Süddeutsche Zeitung, »Gegen den Trend – Dortmund hat die höchste Autodichte Deutschlands«, www.sueddeutsche.de/auto/dortmund-hat-hoechste-autodichte-deutschlands-gegen-den-trend-1.1423153 (26.07.2012)

Adam Opel AG, »Modellübersicht«, www.opel.de/fahrzeuge/modelle.html

Der Westen, »Die schnellste Taube der Welt«, www.derwesten.de/region/rhein_ruhr/schnellste-taube-der-welt-id6300474.html (30.01.2012)

Leben

Die Angaben zu den Hochzeitslokalitäten stammen, genau wie die Vornamensstatistiken der Neugeborenen, von den Internetseiten der jeweiligen Standesämter.

Der Westen, »Muslime aus ganz NRW beerdigen Angehörige in Essen«, www.derwesten.de/staedte/essen/muslime-aus-ganz-nrw-beerdigen-angehoerige-in-essen-id6277286.html (24.01.2012)

Der Westen, »Auf dem Tierfriedhof in Oberhausen finden Haustiere die letzte Ruhe«, www.derwesten.de/staedte/oberhausen/auf-dem-tierfriedhof-in-oberhausen-finden-haustiere-die-letzte-ruhe-id4155885.html (12.01.2011)

Politik

Ministerium für Inneres und Kommunales NRW, »Wahlergebnisse in NRW – Landtagswahl 2012«,
www.wahlergebnisse.nrw.de/landtagswahlen/2012/index.html

WDR, »Das Ruhrgebiet bleibt Rot«,
www1.wdr.de/studio/essen/themadestages/kommunalwahlessen100.html (26. 05. 2014)

Landeszentrale für politische Bildung, »Biografie Wolfgang Clement«,
www.geschichte.nrw.de/artikel.php?artikel%5Bid%5D=185&lkz=de

LWL-Institut für westfälische Regionalgeschichte, »Fritz Steinhoff«,
www.lwl.org/westfaelische-geschichte/portal/Internet/finde/lang-Datensatz.php?urlID=2053&url_tabelle=tab_person

WDR, »Wie Johannes Rau NRW geprägt hat«,
www1.wdr.de/themen/archiv/sp_rau/landesvater_ist_tot100.html (27. 01. 2006)

Bundespräsidialamt, »Die Bundespräsidenten«,
www.bundespraesident.de/DE/Die-Bundespraesidenten/Die-Bundespraesidenten-node.html

Deutscher Bundestag, »Norbert Lammert«,
www.bundestag.de/bundestag/abgeordnete18/biografien/L/lammert_norbert/258676

LVR-Institut für Landeskunde und Regionalgeschichte, »Persönlichkeiten«,
www.rheinische-geschichte.lvr.de/persoenlichkeiten/Seiten/home.aspx

Stiftung Haus der Geschichte der Bundesrepublik Deutschland,
»Otto Schily«,
hdg.de/lemo/html/biografien/SchilyOtto/index.html

Wirtschaftswoche, »Werner Müller«,
www.wiwo.de/koepfe-der-wirtschaft/werner-mueller/5287574.
html

Spiegel Online, »SPD: Ex-Finanzminister Hans Matthöfer tot«,
www.spiegel.de/politik/deutschland/spd-ex-finanzminister-hans-
matthoefer-tot-a-661393.html (15. 11. 2009)

Stadt Karlsruhe, »Alex Möller: Politiker«,
www.karlsruhe.de/b1/stadtgeschichte/biographien/moeller.de

Konrad-Adenauer-Stiftung, »Brauksiepe, Aenne«,
www.kas.de/wf/de/71.8344/

Wirtschaft

Frankfurter Allgemeine Zeitung, »Rangliste: Die größten
Unternehmen 2013«,
www.faz.net/aktuell/wirtschaft/unternehmen/rangliste-die-groess
ten-unternehmen-2013-12267817.html (01. 07. 2013)

Der Westen, »Friedrich Harkort – Vorbild und Vordenker«,
www.derwesten.de/kultur/friedrich-harkort-vorbild-und-vor-
denker-id2313221.html (29. 12. 2009)

Deutsche Welle, »Die Erfolgsgeschichte von Aldi«,
www.dw.de/die-erfolgsgeschichte-von-aldi/a-17802377
(25. 07. 2014)

Die Welt, »In den USA ist Aldi schon Luxus geworden«,
www.welt.de/wirtschaft/article2646154/In-den-USA-ist-Aldi-
schon-Luxus-geworden.html (29. 10. 2008)

Wirtschaftsförderung metropoleruhr GmbH, »Weltmarktführer«, business.metropoleruhr.de/standort/weltmarktfuehrer.html

Spiegel Online, »Fürstenhochzeit in Monaco: Teppich royal«, www.spiegel.de/panorama/leute/fuerstenhochzeit-in-monaco-teppich-royal-a-771178.html (29.06.2011)

Unicum Verlag, »Lebenskostenrechner«, www.unicum.de/studienzeit/service/lebenskostenrechner/confront.php?bundesland_1=11&stadt_1=105&bundesland_2=11

Die Welt, »Wo die Wohnungen günstig sind, will keiner hin«, www.welt.de/regionales/duesseldorf/article115041078/Wo-die-Wohnungen-guenstig-sind-will-keiner-hin.html (07.04.2013)

Immowelt AG, »Mietbarometer«, news.immowelt.de/mietpreise/artikel/2275-mietbarometer-in-den-meisten-grossstaedten-bleiben-die-mietpreise-fuer-wohnungen-stabil.html (16.05.2014)

Immowelt AG, »10-Jahresvergleich: Eine Eigentumswohnung zu kaufen ist nicht überall teurer geworden«, news.immowelt.de/mietpreise/artikel/2275-mietbarometer-in-den-meisten-grossstaedten-bleiben-die-mietpreise-fuer-wohnungen-stabil.html (20.11.2014)

Planet Wissen, »Stahl – Harter Werkstoff, hartes Geschäft«, www.planet-wissen.de/alltag_gesundheit/werkstoffe/stahl/ (15.07.2010)

Die Welt, »Duisburg kämpft um Spitzenplatz als Stahlstadt«, www.welt.de/sonderthemen/stahl-report/article133978222/Duisburg-kaempft-um-den-Spitzenplatz-als-Stahlstadt.html (04.11.2014)

Nordstadtblogger, »VeloKitchen Dortmund: Kochen, schrauben und vegan genießen – Das zerradelt auf der Zunge!«, http://nordstadtblogger.de/14440 (12.08.2014)

Statistische Ämter des Bundes und der Länder, »Verfügbares Einkommen in Deutschland nach Bundesländern«, www.vgrdl.de/Arbeitskreis_VGR/tbls/tab.asp?tbl=tab14

Goethe-Institut e. V., »Kumpels, Kohle, Kultur – Strukturwandel im Ruhrgebiet«, www.goethe.de/lhr/prj/diw/daw/ort/de4395905. htm (November 2010)

Hermann, Wilhelm und Gertrude: »Die alten Zechen an der Ruhr«, Karl Robert Langewiesche Nachfolger Hans Köster Verlagsbuchhandlung KG, Königstein im Taunus [6]2008.

Wikipedia, »Steigerlied«, http://de.wikipedia.org/wiki/Steigerlied

Geographie

Statistisches Bundesamt, »Städte in Deutschland nach Fläche und Bevölkerung auf Grundlage des ZENSUS 2011 und Bevölkerungsdichte«, www.destatis.de/DE/ZahlenFakten/LaenderRegionen/Regionales/ Gemeindeverzeichnis/Administrativ/AdministrativeUebersicht. html

Als Ausgangspunkt für die Recherche über die größten Seen im Ruhrgebiet diente eine Auflistung bei Wikipedia, http://de.wikipedia.org/wiki/Liste_der_Seen_in_Nordrhein-Westfalen

Die Wetterdaten in Wetter stammen von einer »Reiseplaner«-Abfrage bezogen auf den Zeitraum eines gesamten Kalenderjahres, Stand September 2014, www.wetteronline.de.

Der Westen, »Zwei Wochen nach Sturm ›Ela‹ – Waldarbeiter sind gesucht«,

www.derwesten.de/region/zwei-wochen-nach-sturm-ela-wald-
arbeiter-sind-gesucht-id9508772.html (24. 06. 2014)

WDR, »Der Orkan Kyrill«,
www1.wdr.de/themen/archiv/sp_kyrill/kyrill100.html

Verkehr

Die Angaben zu den Autobahnen im Ruhrgebiet stammen vom
Landesbetrieb Straßenbau Nordrhein-Westfalen,
www.strassen.nrw.de

WDR, »Rhein/Ruhr: Im vergangenen Jahr weniger Verkehrstote«,
www1.wdr.de/studio/essen/nrwinfos/nachrichten/studios30224.
html (17. 02. 2014)

Die Direktverbindungen der Deutschen Bahn sind das Ergebnis
von Suchanfragen bei der »Online-Reiseauskunft« der Deutschen
Bahn AG im Oktober 2014.

Kultur

Der Westen, »Aliens von Fred Fischer kehren zurück auf die
Halde am Tetraeder«,
www.derwesten.de/staedte/bottrop/aliens-von-fred-fischer-
kehren-zurueck-auf-die-halde-am-tetraeder-id8298050.html
(09. 08. 2013)

Portal München Betriebs-GmbH & Co. KG, »Das Oktoberfest in
Zahlen«,
www.muenchen.de/veranstaltungen/oktoberfest/schmankerl/
wiesn-in-zahlen.html«2014

Die Geburtsorte der prominenten Bürger des Ruhrgebiets stammen von den Internetauftritten der jeweiligen Personen, aus der

Tagespresse wie der Süddeutschen Zeitung, WAZ oder Ruhr Nachrichten, dem Online-Auftritt des WDR (*wdr.de*) und der Online-Filmdatenbank *IMDb.com*. Ein Großteil der Informationen zu den Filmen, Schauspielern und TV-Serien aus dem Ruhrgebiet stammt von den Internetseiten *IMDb.com* und *fernsehserien.de*. Die Informationen über die Ruhrpottmucke stammen von den offiziellen Internetseiten der Künstler und Bands oder der das Werk betreuenden Unternehmen.

Der Westen, »UCI-Kino in Bochum feiert 15 Jahre Kultfilm ›Bang Boom Bang‹«,
www.derwesten.de/staedte/bochum/uci-kino-in-bochum-feiert-15-jahre-kultfilm-bang-boom-bang-id9755131.html (29. 08. 2014)

Frankfurter Allgemeine Zeitung, »Gelsenkirchener Geschmacksverirrung«,
www.faz.net/aktuell/wirtschaft/immobilien/wohnen/ortsmarke-gelsenkirchener-geschmacksverirrung-1995085.html (23. 06. 2010)

Ruhr Nachrichten, »Regenbogenbrücke muss weichen – B1 gesperrt«,
www.ruhrnachrichten.de/staedte/dortmund/Regenbogenbruecke-muss-weichen-B1-gesperrt;art930,339921 (23. 08. 2008)

Der Westen, »Die Mintarder A52-Ruhrtalbrücke – Schmuckstück mit Schönheitsfehlern«,
www.derwesten.de/staedte/muelheim/die-mintarder-a52-ruhrtal-bruecke-schmuckstueck-mit-schoenheitsfehlern-id7988222.html (27. 05. 2013)

WDR, »Loveparade-Unglück in Duisburg – Vier Jahre nach der Katastrophe«,
www1.wdr.de/themen/archiv/sp_loveparade/aktuelles/loveparade986.html (23. 07. 2014)

WDR, »Auf der Radautobahn am Stau vorbei«,

246

www1.wdr.de/studio/essen/themadestages/radautobahnruhr100.
html (05.09.2014)

Kulinarisches

Die Informationen zu den Ruhrpottgerichten stammen aus eigenen Erfahrungen und dem Stöbern in der Rezeptdatenbank *chefkoch.de*. Die Angaben zur Currywurst und den Imbissbuden im Ruhrgebiet basieren teils auf eigenen Besuchen, teils auf dem Blick in den »Pommesführer Ruhr«, angereichert mit Informationen der jeweiligen Internetpräsenzen.

Prinz, Henning; Ebel, Marius; Müller, Holger; Friedrich, Klaus: Pommesführer Ruhr, Klartextverlag, Essen 2008.

Der Westen, »Pferdemetzger versteht Aufregung um britischen Lasagne-Skandal nicht«,
http://www.derwesten.de/wirtschaft/verbraucher/pferdemetzger-versteht-den-britischen-lasagne-skandal-nicht-id7608716.html«plx1701130885 (12.02.2013)

Planet Wissen, »Bierstadt Dortmund«,
www.planet-wissen.de/alltag_gesundheit/trinken/bier/bierstadt_dortmund.jsp
(28.11.2014)

Sport & Freizeit

Die Zahlen und Fakten zu den Fußballvereinen, -spielern und -stadien stammen von persönlichen Anfragen, den Internetpräsenzen der Vereine, den Tabellen- und Mannschaftsübersichten bei Reviersport (*www.reviersport.de*), Der Westen (*http://sporttabellen.derwesten.de*). und den Angaben bei *transfermarkt.de* und Planet Wissen (*planet-wissen.de*). Weitere Angaben rund um Titel und Rekorde stammen von den offiziellen Internetpräsenzen des DFB (*www.dfb.de*) und der DFL (*www.dfl.de*). Die Angaben zu den weiteren Sportlern und Sportarten stammen von den jeweiligen Sportverbänden beziehungsweise -ligen. Die Informationen zu den im Kapitel Freizeit beschriebenen Einrichtungen und Veranstaltungen stammen von deren Internetseiten sowie aus eigenen Erfahrungen und Recherchen vor Ort.

Katharina Jakob / Insa Lienemann
Ostfriesland für die Hosentasche
Was Reiseführer verschweigen
Mit einem Vorwort von Klaus-Peter Wolf
Band 52074

Sind Ostfriesenwitze lustiger, wenn man
Bohntjesopp intus hat?
Sind Börjes, Feuke und Wobke Frauen- oder
Männernamen?
Wer will schon nach Hawaii, wenn er
Norderney vor der Tür hat?

Die Journalistinnen und Autorinnen Insa Lienemann und
Katharina Jakob verraten Wissenswertes, Unbekanntes und
Kurioses über Ostfriesland. Sie räumen mit Vorurteilen auf
und geben Tipps zum Umgang mit feierwütigen Ostfriesen
und sprachlichen Barrieren.

Das kleinste Buch über Deutschlands windigste Gegend.

Das gesamte Programm gibt es unter
www.fischerverlage.de

Jürgen Mayer
Mallorca für die Hosentasche
Was Reiseführer verschweigen
Band 52057

Wie viele Tonnen Sand verschwinden jedes Jahr von
mallorquinischen Stränden?
Was hat die Hymne Mallorcas mit Spinnen zu tun?
Und wer ist eigentlich wirklich König von Mallorca?

Der Journalist Jürgen Mayer berichtet von Bekanntem und
Unbekanntem auf der Insel mit der höchsten Promidichte. Er
erklärt alles, vom Ballermann über die schönsten Strände zu
den spannendsten Museen Mallorcas, von den risikoreichsten
Rekorden zurück zu den größten Bierkönig-Hits von Tim
Toupet, Peter Wackel, Jürgen Drews & Co.

Das kleinste Buch über das spanischste Bundesland.